Sur Henri Matisse

Entretiens avec Jean Ristat

Aragon

Sur
Henri Matisse
Entretiens
avec
Jean Ristat

STOCK

© 1999, Éditions Stock.

Note de l'Editeur

Ce texte est la retranscription de douze entretiens entre Louis Aragon et Jean Ristat, diffusés sur France Culture en 1971 à l'occasion de la sortie, chez Gallimard, de Henri Matisse, roman.

Les quelques modifications apportées à l'original sont celles qu'imposait le passage de l'oralité à l'écrit. Quant aux notes, elles n'ont aucunement l'ambition de constituer ce qu'on appelle un « appareil critique ». Elles ne visent qu'à situer les œuvres picturales ou littéraires dont il est question entre les deux interlocuteurs et à expliciter certaines allusions. A peine s'est-on autorisé, ici ou là, à compléter une citation, voire, concernant Aragon, à suggérer un

Sur Henri Matisse, roman

rapprochement susceptible d'éclairer sa pensée.

Ces propos constituent une vision synthétique de cette œuvre capitale pour l'intelligence de l'esthétique de Matisse comme de celle d'Aragon qu'est Henri Matisse, roman. Cet ouvrage a été republié en octobre 1998 par Gallimard en édition Quarto. C'est évidemment à cette nouvelle édition que renvoient les notes.

Jean Ristat :

Voilà bien un livre étrange, Aragon, et très étonnant s'il en fut, ne serait-ce que par son titre, *Henri Matisse, roman*. Ce titre, qui n'est pas sans rappeler ceux de Mallarmé, fonctionne comme un lustre qui descend sur la scène du théâtre. Ce que nous allons faire, si tu le veux bien, c'est une sorte de « lever de rideau ». Nous allons essayer d'explorer ce livre – je dis « essayer de l'explorer » car il se présente au lecteur comme une forêt touffue, dense. Quelquefois, nous suivons la piste que tu parais tracer devant nous et puis soudain, tout se complique, les dates se mêlent, voici que nous sommes ramenés en arrière.

Il me semble que, d'entrée de jeu, le lecteur est confronté au problème du temps. Il est emporté sur ce grand « cheval temps » dont tu parles dans ton dernier poème sur Picasso. La première question qui se pose est donc celle de la composition même du livre – composition qui a demandé, je crois, une trentaine d'années.

Louis Aragon :

Je comprends qu'on soit un peu dérouté par ce livre. Je l'ai été moi-même. Ce livre a en effet pris très exactement trente ans pour être écrit : je l'ai commencé fin 1941 et achevé fin 1971. Quand on lit les textes qui le composent, il faut donc toujours en regarder la date pour savoir à quel moment je parle – j'ai envie de dire « qui » parle – c'est-à-dire du « moi » dont il s'agit[1]. Ainsi le texte qui est en tête du

1. Dans la postface de la deuxième version des *Communistes* – qui date de 1966-1967 – Aragon a déjà insisté sur cette idée : « *Je ne crois pas qu'on puisse comprendre quoi que ce soit de moi si l'on omet de dater mes pensées ou mes écrits. Je ne*

livre et qui s'appelle « Lever de rideau » a été écrit en 1968. Et j'ai continué à écrire ce livre durant les trois années qui ont suivi. En 1969, il s'agissait encore de textes. Ensuite, jusqu'au mois de septembre 1971, j'ai plutôt ajouté des notes ou effectué des changements.

A la suite de « Lever de rideau » se trouve ce qui a été, chronologiquement, le premier texte du livre. Il a été commencé en 1941, au mois de septembre, mais je l'ai en partie détruit lorsque au mois de novembre, j'ai fait la connaissance d'Henri Matisse. Je me suis senti inférieur à mon sujet. C'est pourquoi le texte publié porte les dates « novembre-décembre » et non pas « septembre ». Se trouve ensuite un texte appelé ironiquement « Prière d'insérer » – c'est une prière que je me fais à moi-même – et dont le but est d'informer le lecteur sur les conditions historiques – celles de 1941 et des deux années qui ont

sais pas s'il est des hommes pour qui les choses vont autrement. J'en doute. Mais je me reconnais le droit de l'affirmer pour ce qui me concerne. »

précédé – dans lesquelles ce projet s'était amorcé.

Jean Ristat :

Peut-être pourrais-tu nous lire un passage de ce « Lever de rideau » qui explique parfaitement que ce livre « ne ressemble à rien qu'à son propre désordre ».

Louis Aragon :

« La porte s'ouvre sur le passé. Ou la fenêtre. Mal. Toute sorte de poussières, de plumes, d'insectes pris à leurs propres fils, de souvenirs, de vieux gribouillis, lettres à signatures illisibles, toute sorte de repentirs, de soupirs, de songes rongés, de parfum perdus, de chambres éteintes, de je ne sais trop quoi qui freine l'âme, toute sorte d'événements, le vent de la vie, les digressions Dieu sait d'où venues, cette façon de jaunir du papier et de la mémoire, cette façon de s'effacer de tout, cette façon de fuir qu'a le feu même, et il n'y a pas de filet à papillons pour les

paroles, l'apparence, rien n'est difficile à retenir comme la musique dont on fut grisé, l'illusion des mots entendus, perdus, réinventés, menteurs, sans qu'on fasse exprès, qu'on veuille, et comment reprendre le fil à rebours des choses dites, on ne sort jamais en arrière d'un évanouissement... la porte, la porte... tout en bloque le battant, et quand il va céder, ce nuage, cette peur, qu'y aura-t-il derrière, qu'y aura-t-il de nous encore, quelle fumée? (Cela pour ceux qui ont une ou plusieurs fois connu l'effacement du monde, le voilà gris perle sur toute chose, plus rien que la tête et la douleur...)

« Ce livre ne ressemble à rien qu'à son propre désordre. Il traîne à travers vingt-sept années, vingt-sept aujourd'hui passées, la Noël, comme les épingles éparses d'une boîte renversée. Il n'arrive pas à prendre sens. Forme moins encore. Il égare ses pas, revient sur ses propres traces... Par moments, on croirait le suivre, et voilà qu'on se retrouve ailleurs, d'où l'on s'imaginait il y a bien longtemps

parti... Tout comme si nous étions dans un théâtre où les billets mal marqués jettent la confusion des spectateurs parmi les ouvreuses, personne ne tenant plus en sûreté sur ce fauteuil ou ce strapontin même, et il se fait comme une angoisse quand l'orchestre dans sa fosse doucement se met à préluder, le rideau frémit, mais on le retient, qui? quelle main? de s'envoler, il faudrait, avant que commence la pièce, un apaisement de tous et que ne grincent plus ainsi les sièges, l'incertitude en chacun, d'en être n'importe quand chassé, il faudrait il faudrait, et s'il commençait pourtant, ce spectacle, avant l'apaisement, les gens tombés comme les billes d'acier dans leurs trous dans ces petites boîtes rondes dont je n'ai jamais cessé de jouer, ou peut-être... à moins que les mots se brisent avant d'être dits, qui sait? Nous sommes peut-être au soir d'une calamité, des hommes tournent autour de la lune, que se passe-t-il au-dehors? Nous vivons dans le temps interrogatif comme on dit le présent ou le futur[1]*... »*

Jean Ristat :

Dans les deux premières phrases de ce texte : « *La porte s'ouvre sur le passé. Ou la fenêtre* », je ne peux pas ne pas entendre « La porte-fenêtre » qui est le titre d'un tableau de Matisse, datant de 1914, reproduit sur la jaquette du tome I de ton *Matisse*. Ce tableau, *La Porte-Fenêtre ouverte*, tu écris dans les *Incipit*[2] qu'il est le plus mystérieux des tableaux jamais peints, qu'il semble s'ouvrir sur cet espace d'un roman qui commence, et dont l'auteur ignore tout encore : la vie dans la maison d'obscurité, ses habitants, leur mémoire, leurs rêves, leurs douleurs. Le fait de trouver en tête de ce livre la référence au tableau de

1. *HM,R (Henri Matisse, roman)*, p. 13-14.
2. *Je n'ai jamais appris à écrire ou les incipit.* Les Sentiers de la création, Albert Skira, éditeur, 1969.

Sur Henri Matisse, roman

Matisse, *La Porte-Fenêtre ouverte*, est-il un hasard?

Louis Aragon :

J'allais dire que ce n'est pas un hasard, et c'en est pourtant un. En fait, j'ai écrit ce texte sans penser au tableau mais c'est à cause de ce texte que je l'ai placé en couverture. C'est moi qui ai choisi, avec des techniciens, la mise en page de ce livre et la disposition des illustrations. Pour moi, le mystère du roman est bien là : j'ai toujours écrit des romans sans savoir où j'allais, et la maison sur laquelle ouvre cette porte-fenêtre, je n'en connais effectivement ni les pièces ni les habitants.

Jean Ristat :

Nous pourrions tenter d'entrer – ou en tout cas d'examiner l'architecture de cette maison. D'abord, pourquoi les textes sont-ils ici rassemblés sans souci apparent de la chronologie?

Louis Aragon :

Sans souci « apparent », tu dis bien. En réalité, dans un premier temps, ils ont été rassemblés avec le souci de cette chronologie : je les avais d'abord classés dans l'ordre où ils avaient été écrits. Ce sont des textes séparés, et dont les raisons sont liées au temps de leur écriture, c'est-à-dire sous l'Occupation – en tout cas pour presque la moitié de l'ouvrage. Je les avais donc d'abord placés les uns après les autres, mais je me suis ensuite rendu compte que le jour où on en ferait un livre, il serait inintelligible : on aurait des éléments totalement décousus. Alors j'ai recousu les choses en décousant le temps. C'est ainsi, comme je l'ai rappelé, qu'après un texte de 1968 vient un texte de novembre-décembre 1941, tandis que le suivant, « Prière d'insérer », est de 1967-1968. Après quoi vient le texte qui a été le point de départ réel du *Matisse*. Il s'agit de *Matisse-en-France* [1], dont l'écriture

1. *Henri Matisse – Dessins – Thèmes et Variations*, précédés de *Matisse-en-France*, Martin Fabiani, éditeur, 1943.

date de 1942 et qui a suivi une série de conversations entre Henri Matisse et moi. Ces conversations se déroulèrent entre le mois de décembre 1941 et le commencement d'avril 1942.

Matisse souhaitait que j'écrive sur lui. C'est lui qui me l'a demandé, après nos premières conversations. Il avait, disons... une certaine réticence, pour être poli avec eux, à l'égard des critiques d'art, et il trouvait intéressant ce que je lui disais de lui et de sa peinture. Pour ma part, je ne l'avais jamais vu mais j'avais très souvent pensé à lui. Je l'aimais, j'aimais sa peinture – depuis 1913 peut-être – mais jamais nous ne nous étions rencontrés. Nous avions failli le faire à deux ou trois reprises, comme je l'explique dans le livre.

Après l'exode, nous nous sommes trouvés tous les deux acculés dans cet extrême point de la France, à Nice. Lui habitait, à Cimiez, dans un ancien hôtel qui avait été vendu par appartements, le *Régina*. Moi, j'habitais avec Elsa au pied de Nice, tout à fait au bord de la mer, sur le quai des

États-Unis – le quartier des Ponchettes très exactement – précisément en dessous de la maison où Matisse lui-même avait habité avant la guerre. Nous étions là, nous avons commencé à parler – et ce livre, même quand il n'est pas réellement une « conversation », en demeure une pour moi.

Toutes ses parties, en tout cas celles qui existaient du vivant de Matisse, lui ont été soumises ; il les a corrigées et annotées. J'ai scrupuleusement suivi ses remarques. J'ai même reproduit parfois, en marge, des phrases qu'il avait écrites au crayon, sur les manuscrits. Notamment sur ceux que j'avais abandonnés pendant une période de l'Occupation. A cette époque, je n'avais envisagé que la partie qui s'appelle *Matisse-en-France*. Elle a été écrite parallèlement à une expérience de dessin qu'avait entreprise Matisse à ce moment-là. Pour lui, n'appartenaient pas à cette catégorie les dessins spontanés qu'il faisait en laissant, pour ainsi dire, une totale liberté à la main face au modèle. Ces dessins étaient exécutés à une vitesse qui rappelait un peu la vitesse d'écriture des textes surréalistes – du moins ce que nous appelions le « surréalisme », avant que le mouvement ne prenne une acception plus large.

Puis je me suis trouvé séparé de Matisse, et j'ai écrit à son sujet des choses qu'il n'a lues que plus tard, à la Libération. J'avais laissé les manuscrits dans une malle, à Villeneuve-lès-Avignon, près de chez Pierre Seghers, chez des vieilles dames fort innocentes qui ne risquaient guère d'être perquisitionnées. Ces textes m'ont ensuite été demandés, dès la Libération notamment, pour des expositions, en France comme à l'étranger. Quand on lui posait la question : « A qui faut-il demander de faire la préface du catalogue ? », Matisse répondait en effet : « Aragon ». C'est ainsi que se sont multipliés les textes et que je me remis à une entreprise qu'en réalité, j'avais en tête dès la première minute. C'est précisément ce que j'appelle le « Roman de Matisse ».

Jean Ristat :

En ouvrant le livre au premier chapitre appelé « Matisse ou la grandeur », je vois dans la marge des petites notes que l'on retrouve ensuite tout au long du livre. Quelle est leur fonction ?

Louis Aragon :

Ces notes sont de deux sortes. Le système des notes a été inventé pour *Matisse-en-France*, qui a paru en 1943 – après qu'on eut d'ailleurs effacé mon nom de la couverture, par crainte des Allemands. Il s'agit soit de notes émanant directement de Matisse, comme je viens de le dire, soit d'explications qui formaient donc des notes marginales – en l'occurrence, au sens propre du terme. Ensuite se sont ajoutées des notes qui sont des « repentirs », comme le disent les peintres. Ces deux dernières séries de notes ne sont plus le fruit d'une conversation directe avec Matisse, mais plutôt d'une conversation entre moi et moi. J'avais écrit certaines choses et je me reprenais, tout comme je me reprends en parlant.

Jean Ristat :

Nous avons donc là une accumulation de textes qui ressemble à une sédimentation de couches de terrain. Pour donner une idée de la complexité de ce travail, il faut signaler qu'à la fin de chaque tome, il y a une anthologie.

Louis Aragon :

L'anthologie a pour but de réintroduire la chronologie, indépendamment du texte. Il s'agit ici de la chronologie de Matisse – une sorte de chronologie « objective ». Le premier tome contient une anthologie de reproductions en couleur de tableaux qui s'étendent du commencement de la peinture chez Matisse – c'est-à-dire de la fin du XIXe siècle – jusqu'à 1939, car il fallait bien choisir une césure, fût-elle arbitraire, et je l'ai empruntée à l'Histoire. Les derniers tableaux sont donc antérieurs à la déclaration de guerre.

Quant au tome II, il s'ouvre, lui, sur des tableaux sensiblement contemporains de la déclaration de guerre – c'est-à-dire du mois d'août 1939. Les textes couvrent ensuite une période qui va au-delà de la mort de Matisse. Ce deuxième volume réunit donc des textes à mes yeux différents du premier, davantage marqués par le regret – et je dis « regret » pour ne pas employer de trop grand mot. Il s'ouvre par le très court article publié dans *L'Humanité* au lendemain même de son décès[1]. En fait, tout ce que j'ai écrit là a un caractère rétrospectif, qui tend à achever ce que la vie avait elle-même achevé.

Jean Ristat :

Le lecteur ne peut manquer d'être frappé par certains aspects de la typographie du livre. En ouvrant le premier volume, par exemple, on peut lire

1. Matisse, qui était né en 1869, est mort en 1954. L'article intitulé « Le sourire de Matisse » a paru dans *L'Humanité* le 5 novembre 1954.

imprimé en gros caractères des vers de Saint-John Perse :

« *Mais c'est de l'homme qu'il s'agit ! Et de l'homme lui-même quand donc sera-t-il question ?*

« *Quelqu'un au monde élèvera-t-il la voix*[1] *? »*

Dans le second volume, par exemple, une phrase de John Ford[2], *Let me die and smiling*, est également mise en valeur. Quelle est la fonction de cette composition typographique ?

1. Il s'agit d'un extrait de *Vents* (Gallimard, 1946). En fait, deux versets figurent à l'ouverture de tome I. Le second est : « *Car c'est de l'homme qu'il s'agit, dans sa présence humaine; et d'un agrandissement de l'œil aux plus hautes mers intérieures...* » On peut penser que, référé à Matisse, cet « agrandissement de l'œil aux plus hautes mers intérieures » est également une des raisons qui ont fait qu'Aragon a choisi cette citation.

2. Il s'agit bien sûr du dramaturge élisabéthain (1586-1639) auteur de *Le Cœur brisé* et de *Dommage qu'elle soit une putain.*

Louis Aragon :

Il ne s'agit évidemment pas d'une décision des typographes, c'était une exigence de ma part. J'ai mis en lumière des phrases qui n'étaient pas de moi avec ces caractères « d'affiche », parce qu'il y a une certaine façon d'éclairer le livre qui manquait dans mon texte...

Jean Ristat :

Ces vers de Saint-John Perse font figure de déclaration de principe : cette affirmation que c'est « *de l'homme qu'il s'agit* », de l'homme dans sa « présence humaine »...

Louis Aragon :

C'est vrai. Mais, dans ma bouche, cela aurait été d'une certaine prétention. Alors j'ai préféré le laisser dire au plus grand poète de notre temps.

Jean Ristat :

Revenons-en à la question des illustrations. Tu as dit que toutes les reproductions des tableaux de Matisse étaient en couleur, sauf celles qui concernent des tableaux « effacés »...

Louis Aragon :

En effet, de nombreuses reproductions sont en noir et blanc car seules des photographies avaient été gardées de toiles qui allaient être effacées, Matisse repeignant souvent sur le même support. Il s'agissait des étapes successives de certains tableaux – des étapes parfois extrêmement différentes les unes des autres. Mais ces « tableaux » n'existent pas – et ce sont ces tableaux « morts » qui ont été reproduits en noir et blanc. Seule exception, un tableau qui aurait dû être en couleur et qui ne l'est pas, ce dont je prie les lecteurs de m'excuser... mais ce n'est pas vraiment ma faute : une des grandes collections américaines, la Fondation Barnes, a refusé de laisser photographier ses tableaux sous prétexte que notre technique de la photographie en couleur serait encore insuffisante. C'est un point de vue dont je leur laisse la responsabilité.

Jean Ristat :

Henri Matisse, roman... Ce titre demeure assez énigmatique. Il rappelle celui d'un autre de tes livres, *Anicet ou le panorama, roman*[1]. Peut-on faire un rapprochement entre ces deux titres ?

Louis Aragon :

Dans chacun de ces cas, ma préoccupation a été en partie différente. J'avais vingt ans quand j'ai écrit *Anicet* et je tenais beaucoup à ce qu'on écrive – ce que l'on n'a d'ailleurs pas fait chez Gallimard – le titre d'un seul tenant : *Anicet ou le panorama, roman*. Pour moi, « panorama » et « roman » avaient une raison historique et linguistique d'être réunis. Le mot *roman* signifie à l'origine *chose écrite en langue*

1. *Anicet ou le panorama, roman*, NRF, Paris, 1921.

romane. C'est en quelque sorte l'initiale de la langue française, et c'est sans doute une question qui me préoccupait au moment d'*Anicet.*

Pour le *Henri Matisse,* il s'est plutôt agi du refus de laisser assimiler un livre sur un peintre à un livre de critique d'art. Je ne suis pas critique d'art[1] – et, de plus, Matisse les détestait. D'autre part, je ne pouvais pas laisser penser que je me faisais ici mémorialiste ou historiographe, sinon historien, de Matisse. Je suis en effet dominé par quelque chose qui tient fortement à l'influence d'Elsa Triolet sur moi : l'incrédulité devant la possibilité d'écrire l'Histoire.

1. *« Rien n'est plus arbitraire que d'essayer de substituer la parole écrite à la peinture, au dessin. Cela s'appelle la critique d'art, et je n'ai pas conscience d'en être coupable ici. La nécessité de transposer d'un plan à un autre la leçon d'Henri Matisse m'a amené à une espèce de danse des phrases autour de lui. Il y a plus de sérieux à cela qu'on l'imagine, et un sentiment plus profond qu'on y croira de l'inexprimable. »* HM,R, p. 324-325.

Dans la postface de mon plus long roman, *Les Communistes*[1], j'ai dit ce que je pensais du roman. Je tiens le roman pour une très grande invention de l'homme[2]. Je pense d'ailleurs que, plus qu'à quoi que ce soit, il ressemble à l'hypothèse scientifique[3]. Le roman est une

1. Comme on le sait, il y a deux versions des *Communistes*. La première fut publiée de 1949 à 1951 aux Editeurs Français Réunis; la seconde, dans les *Œuvres romanesques croisées*, de 1966 à 1967 chez Robert Laffont. La postface, « La fin du "Monde réel" », a été écrite pour cette seconde version. La première version a été rééditée par Stock en 1998.

2. « *Le roman est une singulière invention humaine, une* machine, *au sens moderne de ce mot, à transformer au niveau du langage la conscience humaine* » (« La fin du "Monde réel" », *Les Communistes*, t. II, Editions Messidor, p. 590).

3. « *Quand il s'agit de la création, dans le roman, puisque c'est du roman que nous parlons, tout comme ailleurs, à la définition, aux limites, il faut substituer le principe d'invention, de la perpétuelle* ouverture (...). *N'est-ce pas là la méthode*

hypothèse sur le monde, sur des hommes donnés, une société donnée. Cette hypothèse peut être abandonnée ou gardée, suivant le bonheur de l'auteur, mais elle représente en tout cas un moyen de connaissance. Et si elle est juste, elle constitue un moyen de connaissance de la réalité bien supérieur à ce travail de compilation appelé l'Histoire – et sur lequel, comme Elsa, j'ai de grands doutes.

Jean Ristat :

Je voudrais que nous revenions sur le sens du mot *roman* venant après *Henri Matisse*. Henri Matisse est en quelque sorte le héros du *roman*, et par ailleurs, tu appelles ce livre « l'histoire d'une de *mes*

poétique par définition, qui, lasse de ne pouvoir acquérir des choses que par la lente connaissance scientifique, s'impatiente et procède par la métaphore, cette forme de l'intuition qui a fait si souvent précéder la découverte par une hypothèse hardie que nous appelons l'image » (« La fin du "Monde réel" », *Les Communistes*, t. II, Editions Messidor, p. 607-608).

folies ». Il semble donc qu'il s'agisse d'Henri Matisse mais également de Louis Aragon.

Louis Aragon :

Cela arrive dans beaucoup de romans : tous ne sont pas *Adolphe*, c'est-à-dire le roman d'un seul homme – avec à la rigueur une femme, dans la coulisse. Il ne s'agit d'ailleurs pas seulement de moi mais aussi de notre temps, et d'un certain contexte. Ma première rencontre avec Matisse date de la fin de l'année 1941. La plupart des Français étaient désespérés, et je l'ai alors vu comme la figure surprenante de l'espoir dans le désespoir. Si l'on regarde toute sa peinture, elle témoigne de sa façon remarquable de dominer non seulement les ennuis quotidiens mais aussi les grandes douleurs. A l'époque où je l'ai rencontré, il avait subi dix mois plus tôt une opération[1] qui faisait quasiment de lui un

---

1. Matisse fut opéré à Lyon en janvier 1941 d'une tumeur intestinale, puis eut, à la suite de cette opération, deux sérieuses embolies pulmonaires.

---

infirme, nous étions dans le moment le plus noir de l'Occupation, nombreux étaient ceux qui doutaient d'une issue favorable à notre pays... Mais au milieu de cela, la peinture de Matisse prenait un caractère extraordinaire de déclaration d'espoir et de changement.

Jean Ristat :

Certes, mais il s'agit tout de même d'Henri Matisse-peintre et ce n'est évidemment pas par hasard que figure dans le tome II la phrase de Nicolas de Staël : « *La peinture seule reste en pleine aventure*[1]. »

Ce *Henri Matisse, roman*, c'est aussi l'aventure de la peinture et le roman du peintre. Cette phrase par laquelle tu expliques le mot *roman* à propos d'*Henri Matisse* me paraît importante :

« *Ceci est un roman, c'est-à-dire un langage imaginé pour expliquer, croi-*

1. Lettre du 8 janvier 1953 à Théodore Schempp, cf. *HM,R*, p. 746.

rait-on, l'activité singulière à quoi s'adonne un peintre ou un sculpteur, s'il faut appeler de leur nom commun ces aventuriers de la pierre ou de la toile dont l'art est précisément ce qui échappe aux explications de texte[1]. »

Louis Aragon :

Il n'en faut pas moins voir combien cette entreprise est liée à ce qui m'arrive alors. Dans la plupart des textes, il est tout autant question d'Elsa et de moi-même que de Matisse, d'autant que nos relations furent brusquement interrompues par l'arrivée des Italiens à Nice et qu'elles ne reprirent qu'à la Libération. On y trouve une description de Nice avant l'arrivée des Italiens qui n'a guère de rapport avec ce qui se passait à Cimiez, dans l'atelier de Matisse. Il y est aussi question – événement fantastique en un pareil moment – de l'ouverture d'une boîte de nuit où chantait d'ailleurs Georges Ulmer – qui se

1. *HM,R*, p. 31-32.

faisait passer pour Mexicain, et non pour le Danois qu'il était...

Jean Ristat :

L'entreprise que tu appelles « *l'histoire d'une de mes folies* » est tout de même paradoxale. Tu dis que l'art du peintre ou du sculpteur « *échappe aux explications de texte* »...

Louis Aragon :

C'est tout à fait vrai, et c'est bien pourquoi c'est « l'histoire d'une de mes folies », même si cette expression est tirée d'*Une saison en enfer* de Rimbaud[1]. Quant à l'enfer, il est pour nous d'une autre sorte.

1. Cette phrase ouvre, dans *Une saison en enfer*, la séquence *Délires II*, et singulièrement *Alchimie du verbe*. Compte tenu du sujet traité par Aragon, il est intéressant d'évoquer plus complètement la citation :
« *A moi. L'histoire d'une de mes folies.*
« *Depuis longtemps je me vantais de posséder tous les paysages possibles, et trouvais dérisoires les célébrités de la peinture et de la poésie*

Toute la question du mot « roman » est là. A pareille époque, il me semblait impossible d'écrire un grand roman, au sens traditionnel du terme. D'une part, il n'y avait aucune chance qu'on l'imprime ;

modernes. J'aimais les peintures idiotes, dessus de portes, décors, toiles de saltimbanques, enseignes, enluminures populaires (...).

« J'inventai la couleur des voyelles ! – A noir, E blanc, I rouge, O bleu, U vert. – Je réglai la forme et le mouvement de chaque consonne, et, avec des rythmes instinctifs, je me flattai d'inventer un verbe poétique accessible, un jour ou l'autre, à tous les sens. » Comme le signale une note de l'édition Garnier (1987) des *Œuvres* de Rimbaud, la période décrite par Rimbaud sous le nom « l'histoire d'une de mes folies » est probablement la période qu'ouvre la fameuse lettre du 15 mai 1871 à Paul Dememy, qui décrit le poète comme un voyant : *« Je dis qu'il faut être voyant, se faire* voyant. *Le Poète se fait* voyant *par un long, immense et raisonné* dérèglement *de* tous les sens. » Bien évidemment, Aragon ne trouve pas *dérisoire* Matisse – pas plus que Rimbaud ne trouvait dérisoires Monet, Manet ou Renoir qu'il connaissait mais qui n'étaient pas, à l'époque, des *célébrités* –, l'intérêt de cette référence à Rimbaud

<hr>

et, d'autre part, j'avais surtout envie d'écrire des textes « utiles » et pouvant servir la Résistance. Devant faire ce deuil du « vrai » roman, j'avais donc pensé faire un roman d'une autre sorte. Pourtant, ce roman « différent », je ne l'ai pas vraiment entrepris, car ce n'est pas ainsi que Matisse entendait la partie « Matisse-en-France ». Il la concevait plutôt comme une préface à cette expérience de dessin spontané dont j'ai parlé. Je me suis donc plié à son vœu – c'était bien la moindre des déférences. Le roman étant précisément pour moi l'instrument qui permet à l'homme d'aller plus loin dans la connaissance de lui-même, il y avait incompatibilité entre les deux enjeux.

Il est ensuite arrivé un autre événement, qui, celui-ci, ne dépendit pas de Matisse

est le lien quasi organique opéré par ce dernier entre poésie et peinture, sous le signe duquel se met explicitement Aragon. Dans le tome II de *Henri Matisse, roman*, Aragon intitule une partie « De la couleur, ou plutôt d'une certaine couleur des idées ».

mais d'Elsa Triolet. Pendant toutes ces journées où je parlais avec Matisse, prenais des notes, lui rapportais le lendemain les conversations écrites pour qu'il les revoie, Elsa avait, elle, commencé à écrire quelque chose. J'ignorais complètement ce que c'était... En fait, il s'agissait du *Cheval blanc*[1], un très gros roman. C'est cette démonstration de la « possibilité » du roman en pareille époque qui m'a incité à entreprendre ensuite l'écriture d'*Aurélien*, à Nice...

Jean Ristat :

Tu parles du vertige que tu as connu peu avant de commencer à l'écrire...

Louis Aragon :

Oui, c'était comme un « changement de main » par rapport à ce que j'avais écrit sur Matisse. Ensuite, je l'ai continué parce

1. *Le Cheval blanc* – effectivement un « gros » roman de 542 pages – fut publié par Denoël en 1943.

que je n'étais plus avec Matisse, je ne pouvais donc plus écrire sur lui. C'est ainsi qu'*Aurélien* a été écrit entre 1942 et 1943. Je l'ai terminé fin 1943[1].

Jean Ristat :

Le caractère autobiographique de ce *Henri Matisse, roman* est évident. On est surpris malgré tout que la place accordée à la biographie de Matisse soit si réduite.

Louis Aragon :

J'ai bien sûr été obligé d'introduire des éléments biographiques pour la compréhension du livre, mais ce n'était pas mon sujet. Il y a quand même un certain nombre d'éléments. Au début du premier livre, je suis par exemple revenu sur une série d'événements qui ont immédiatement précédé la guerre. Il y a le séjour à Paris de Matisse dans l'atelier de

1. *Aurélien*, NRF, Gallimard, 1944.

Mrs Callery[1]. Son envie d'aller au Brésil pour revoir un ciel analogue à celui de Tahiti, quitté dix ans plus tôt[2]. L'éclatement de la guerre qui empêche ce projet. Son départ de Paris – il ne pouvait plus descendre dans les abris où on exigeait qu'il aille. Les étapes de son voyage vers le Midi. Sa rencontre à Marseille avec sa fille, Madame Georges Duthuit, qui venait conduire son fils au bateau pour l'Amérique – l'Occupation était commencée. C'est ensuite l'explosion de la maladie[3]...

Jean Ristat :

Explosion de la maladie à propos de laquelle tu rapportes une phrase de Matisse à son chirurgien, qui date de janvier 1941. Il lui demande « les trois ou quatre ans » nécessaires à l'accomplissement de son œuvre.

1. Mrs Callery était une Américaine, sculpteur, qui prêtait son atelier de la villa Alésia à Matisse quand il était à Paris, à partir de 1939.
2. Le séjour de Matisse à Tahiti date de 1931.
3. Voir note 1, p. 31.

Louis Aragon :

On a effectivement craint que la mort ne frappe Matisse trop tôt. Matisse, qui avait alors soixante-douze ans, demandait très modestement trois ou quatre ans pour finir son œuvre. C'était la seule raison qu'il avait de vouloir survivre. Et en fait de trois ou quatre ans, cela a duré treize ans.

Ces treize années sont d'une importance capitale, pour Matisse mais aussi pour la peinture en général. On a dit beaucoup de choses fausses sur certains aspects de la vie de Matisse – en particulier sur ses rapports avec Pablo Picasso. On les a présentés comme hostiles l'un à l'autre, et il se trouve que je suis témoin – pour avoir été à la fois l'ami de Matisse et de Picasso – de la fausseté de ces assertions. C'est devant moi que Picasso a prononcé pour la première fois cette phrase que j'ai rapportée ensuite à Matisse – et qui l'a fait pleurer : « Le jour où l'un de nous deux disparaîtra, il y a des choses que l'autre ne pourra plus dire à personne. » Ces deux grands créateurs de la peinture au xxᵉ siècle se sont en fait trouvés réunis dans cette même période. Leur conception de la peinture et les conversations qu'ils ont eues à ce sujet sont capitales pour l'histoire de la peinture – une histoire de longue durée, qui se prolongera, quoi qu'on en pense, tant qu'il y aura des hommes.

Au cours de ces treize années, Matisse a énormément peint. Ce qu'il a alors réalisé est probablement d'une importance plus grande que tout ce qu'il avait pu faire auparavant. Il a porté la peinture à ce point où Picasso a pu dire de lui que « jamais aucun peintre n'a chatouillé comme Matisse la peinture jusqu'à de tels éclats de rire[1] ».

Jean Ristat :
Revenons à l'époque de ta première rencontre avec Henri Matisse. Tu lui avais

1. Cette phrase fut écrite par Picasso le 22 décembre 1951 à Vallauris au dos d'un dessin. Voir *HM,R*, p. 707.

envoyé *Le Crève-Cœur*[1], et c'est alors qu'il t'a répondu qu'il serait heureux de te voir...

Louis Aragon :

Je me souviens que cette lettre date d'un samedi de novembre 1941. Je lui avais envoyé *Le Crève-Cœur* parce qu'il me l'avait demandé dans une lettre antérieure. Nous entretenions une correspondance car j'avais souhaité que Matisse fasse, pour la revue de Pierre Seghers *Poésie 41*[2], des dessins. Cela devait contribuer à donner à cette revue un statut plus important, moins régional, et nous avions besoin d'une revue pour monter cette entreprise dont nous avions parlé dès le mois d'août, Pierre Seghers et moi, et qu'on a appelé la « Résistance intellectuelle ». J'avais écrit un article pour commenter les dessins généreusement envoyés par Matisse mais, quand je l'ai vu,

1. *Le Crève-Cœur*, NRF, Gallimard, 1941.
2. En fait, ces dessins paraîtront dans le premier numéro de *Poésie 42*.

il a jugé ses dessins insuffisants. Il nous en a donné d'autres, et en écoutant ses commentaires sur le choix et l'assemblage des dessins, je me suis rendu compte que mon article était une bien piètre chose. Je l'ai donc recommencé.

Jean Ristat :

Tu rapportes une phrase prononcée par un témoin de la vie du peintre : « *Vous ne savez pas comment il vous attendait et depuis combien de temps, comme il se demandait "Mais pourquoi Aragon ne vient-il pas me voir ?".* » On se demande en effet pour quelle raison tu n'es pas allé le voir plus tôt. Pourquoi tant d'hésitation ?

Louis Aragon :

Tout d'abord, j'étais un jeune homme timide. J'étais encore un enfant quand j'ai commencé à aimer les tableaux de Matisse, même si ces tableaux paraissaient à l'époque fort scandaleux. Ma pauvre mère m'ayant surpris une reproduction de

Sur Henri Matisse, roman

Matisse entre les mains – il s'agissait du portrait de Madame Matisse assise dans un fauteuil[1] – m'avait d'ailleurs prévenu : « Pauvre enfant, si tu t'intéresses à ces choses-là, tu es perdu ! » Je me moquais probablement d'être perdu puisque, quand j'ai été mobilisé en 1917 au Val-de-Grâce avec André Breton, j'ai décoré la pièce à côté de notre chambrée avec des reproductions de peinture moderne – et notamment avec celle de ce tableau. Seulement, je n'avais pas la possibilité de rencontrer Matisse – qui n'était pas à Paris – et j'ignorais comment le joindre. Un peu plus tard, Breton a organisé un rendez-vous[2] mais la rencontre n'a pas eu lieu, Matisse devant de nouveau quitter Paris. Une autre fois, en 1930, j'ai à nouveau essayé d'organiser cette rencontre par l'intermédiaire d'un ami de Montparnasse – surtout, il faut le dire, dans le but de distraire Elsa, alors

1. Il s'agit sans doute de *Portrait de Madame Matisse 1912-1913* qui se trouve au musée de l'Ermitage à Saint-Pétersbourg.
2. En fait, par l'intermédiaire de Pierre Reverdy.

très frappée par le suicide de Maïakovski[1]. Mais c'était le moment où Matisse est parti pour Tahiti[2]. Après tous ces échecs, j'avais l'impression qu'il n'était pas dans mon destin que je rencontre Matisse... Et, pour lui écrire, j'avais dû prendre mon courage à deux mains... Pour aider Seghers, et aussi à cause de la nature de notre projet.

Jean Ristat :

Et en fin de compte, la rencontre eut lieu... C'était au *Régina* ?

Louis Aragon :

Au *Régina*. Je suis allé le voir à Cimiez.

1. Vladimir Maïakovski se suicida le 14 avril 1930 à 10 h 15 d'un coup de revolver, dans son cabinet de travail de Moscou. Il avait trente-sept ans. Il avait été très lié aux Brik, et surtout à Lili Brik, la sœur d'Elsa Triolet.
2. Plus exactement, d'abord pour New York puis San Francisco. Après Tahiti, où il séjourne en 1931, il revient à New York, où une première rétrospective lui est consacrée cette même année.

Jean Ristat :

Comment cela s'est-il passé ?

Louis Aragon :

Ma première discussion avec lui a donc porté sur cet article et, plus encore que sur l'article, sur l'illustration à venir. J'avais considéré mon texte comme un commentaire des dessins et lui considérait ses dessins comme une illustration du texte. Il a donc changé cette illustration – à deux reprises. Mais restait le problème technique de la reproduction : où trouver les gens qui pourraient réaliser les clichés pour la revue de Seghers ? Il n'y avait personne à Avignon – où elle paraissait – pour le faire.

C'est au cours de ce type de conversations que Matisse a pris goût à la façon dont je parlais de son travail, et qu'il a désiré que j'écrive sur lui. Après avoir tourné un certain temps autour de cette idée, il me l'a donc proposé. Je ne demandais pas mieux car, plus ou moins consciemment, j'étais venu chez lui avec cette arrière-pensée.

Jean Ristat :

Puisque nous parlons de première rencontre, il y eut celle de Matisse avec Elsa... Une lettre du 25 décembre 1941 propose que « Madame Aragon » t'accompagne lors d'une de tes visites. Tu la commentes ainsi : « *Clair qu'il souhaitait qu'on vînt, tous les deux, le jour même. Cette charmante impatience de Matisse, je ne la connaissais pas encore. Je la devinais. C'est ainsi, pour la Noël de 1941, que* Madame Aragon *fit la connaissance d'Henri Matisse à Cimiez*[1]. »

Louis Aragon :

Nous sommes allés le prendre chez lui et il nous a ensuite invités à déjeuner. On déjeunait assez mal à l'époque. Il y avait quelques bons restaurants, mais qui n'étaient pas du tout dans nos moyens. Lui

---

1. *HM,R*, p. 62.

nous a menés dans un excellent restaurant, rue Massena, après nous avoir promenés dans Nice. Comme il marchait difficilement, il avait loué un fiacre découvert – ce qui était évidemment un luxe extraordinaire à une époque où il n'y avait plus d'automobile. Nous avons ainsi parcouru la ville avec lui, Lydia[1] – sa charmante secrétaire – et Elsa. Il faisait très beau et nous sommes donc allés déjeuner ensuite dans ce restaurant. C'est ainsi que s'est passée la première rencontre d'Elsa avec Matisse qui a été on ne peut plus charmant.

Jean Ristat :

Au cours de cette première rencontre, il a notamment été question de poésie. Matisse préparait à ce moment-là des illustrations pour un *Ronsard*[2]. Il a également illustré Baudelaire, Mallarmé, puis Charles

1. Lydia Delectorskaya.
2. Ce *Ronsard* sera publié par Skira en 1948.

Cros. Qu'as-tu pensé de ce projet concernant Ronsard ?

Louis Aragon :

J'en ai été très surpris, d'autant que je ne trouvais pas que Ronsard correspondait à l'« atmosphère » de Matisse. Je me suis en outre permis de discuter avec lui de la nécessité, en 1941-1942, de faire un *Ronsard*. Matisse m'a alors demandé si je connaissais des poètes qui me semblaient plus proches de lui et je lui ai parlé de Charles Cros dont certains vers, à mon sens, sont des Matisse. Il entendait ce nom pour la première fois et on ne trouvait alors Cros en librairie ni à Nice ni à Paris. Il a fallu des mois de recherche à Paris avant qu'on retrouve ses deux livres de poèmes, *Collier de griffes*[1] notamment, et qu'on les lui envoie. Ce n'était pas si simple car, à l'époque, il fallait trouver

1. *Le Coffret de santal* et *Collier de griffes* avaient été publiés par Stock, le premier en 1873, le second, en édition posthume – Charles Cros est mort en 1888 – en 1908.

quelqu'un qui porte les paquets d'une zone à l'autre. Matisse n'a pas, à proprement parler, illustré Cros. Il a continué son travail sur Ronsard, puis il est passé à autre chose. L'illustration de Cros s'est limitée à deux dessins faits à l'intention de Pierre Seghers. Le fils de Cros n'avait pas très bien compris de quoi il s'agissait. On lui écrivait probablement par des cartes inter-zones qui ne permettaient pas d'expliquer grand-chose, ou bien il était en contact avec des intermédiaires qui n'étaient guère plus clairs. C'est sans doute pourquoi il mit longtemps avant d'autoriser Matisse à faire des dessins sur les poèmes de son père – à une époque où Cros était d'ailleurs totalement inconnu. Moi, je l'ai toujours beaucoup admiré.

Mais, plus que par quiconque, Matisse était évidemment hanté par Mallarmé et Baudelaire.

Jean Ristat :

Avant d'en venir à eux, si tu le permets, on pourrait tout de même s'étonner qu'il n'y ait pas eu de rapports plus étroits entre Guillaume Apollinaire et Matisse, alors qu'Apollinaire a beaucoup parlé de peinture et beaucoup fréquenté les peintres. Comment expliques-tu cela ?

Louis Aragon :

Matisse ne trouvait pas ce qu'Apollinaire avait écrit de lui extrêmement pertinent. Je m'en excuse pour la mémoire d'Apollinaire mais c'est ainsi... Et puis, disons qu'ils vivaient assez différemment...

Jean Ristat :

Pour Mallarmé, il en va tout autrement. Tu rappelles que Matisse était préoccupé par :

> *Quelle soie aux baumes du temps*
> *Où la Chimère s'exténue*
> *Vaut la torse et native nue*
> *Que, hors de ton miroir, tu tends*[1]

1. Ce premier quatrain appartient à un sonnet qui a été publié pour la première fois dans *La Revue indépendante* en mars 1885.

jusqu'à ce que le saisisse cette évidence : « Ce quatrain, c'est un Matisse. »

Louis Aragon :

Oui, et le Matisse qu'a inspiré ce quatrain existe. C'est un dessin du *Mallarmé* qui a paru chez Skira, en 1932 je crois. Il s'agit de l'un de ces trois ou quatre livres de Skira qui ont bouleversé l'idée même du livre de luxe et des grands livres illustrés de notre temps. Ce *Mallarmé* n'a eu aucun succès à sa parution, mais il est ensuite devenu terriblement recherché – ce qui a permis à son éditeur de ressortir, à un tout autre prix d'ailleurs, les exemplaires qui lui étaient restés sur les bras... Le dessin en question montre une femme levant les bras autour de sa chevelure et assise, probablement sur un nuage[1]. Matisse s'en expliquait d'une façon assez étrange. En effet, en1931, à Tahiti, il avait photographié un nuage entre les

1. Il s'agit d'une eau-forte intitulée « ...La torse et native nue... »

deux îlots qui figurent sur le dessin pour Seghers. Il y a là un jeu de mots autour de « *la torse et native nue* » : il s'agit d'une femme *nue* dans le dessin, mais il y a également un jeu d'homonymie avec le nuage, la nuée, la *nue* qu'il avait photographiée à Tahiti. On trouve d'ailleurs avec d'autres mots du quatrain des jeux sur les mots du même style.

Jean Ristat :

En parlant de Mallarmé, il nous faut évoquer Gautier. Tu dis en effet que « Matisse a su ainsi aller au-delà de Mallarmé comme Mallarmé au-delà de Gautier. » Et le nom de Gautier revient plusieurs fois dans ce chapitre consacré aux poètes...

Louis Aragon :

Je me souviens d'ailleurs de l'étonnement de Matisse pour une phrase de Gautier sur la peinture – que je cite en note quelque part, probablement dans *Matisse-en-France*. Cette phrase avait paru d'une extraordinaire justesse à

Sur Henri Matisse, roman

Matisse qui disait : « *C'est étrange que Gautier ait dit une chose aussi exacte sur la peinture.* »

Jean Ristat :

Oui, il s'agit d'une phrase de Théophile Gautier sur Poussin : « Bien qu'il ait passé la plus grande partie de sa vie à Rome, et qu'il y soit mort, il n'en est pas moins resté Français, et chez lui l'idée l'emporte sur la sensation. La nature n'agit pas sur lui par son attrait propre, et il ne voit guère dans les formes que des moyens d'expression[1]. »

Louis Aragon :

C'est cela. Mais ce n'est que plus tard, en 1961, en utilisant ce que j'appelle les « manuscrits de Villeneuve » – ceux qui étaient restés dans une malle chez les deux vieilles femmes – que j'ai ajouté, à propos de cette citation, une sorte de « note à la note » : « Matisse lit cette

1. *HM,R*, p. 88.

marge, et s'étonne : *"C'est Gautier qui a dit ça*[1] *?"* Il ne l'en croyait pas capable.

Jean Ristat :

Avec cette phrase : « *Matisse a su ainsi aller au-delà de Mallarmé comme Mallarmé au-delà de Gautier*[2] », tu sembles comparer le travail du peintre et celui de l'écrivain... Et quelques pages avant, tu justifies en quelque sorte cela en écrivant : « *On parle très peu du style des peintres. De la création d'un style par le peintre*[3]. »

1. *HM,R*, p. 88.
2. En fait, il semble que ce soit Matisse qui ait fait remarquer à Aragon la ressemblance entre la quatrain de Mallarmé et une strophe d'un poème d'*Emaux et Camées* (1852) de Théophile Gautier :

> *A l'horizon monte une nue*
> *Sculptant sa forme dans l'azur !*
> *On dirait une vierge nue*
> *Emergeant d'un lac au flot pur.*

L'homonymie avec laquelle Matisse « joue », selon Aragon, est très exactement celle de la rime *une nue/vierge nue* de Gautier.
3. *HM,R*, p. 88.

Sur Henri Matisse, roman

Louis Aragon :

C'est bien de style qu'il s'agit. Toutefois, si l'on prend certains poèmes de Gautier, il est indiscutable qu'ils n'ont pas la portée que le langage de Mallarmé donne aux siens. Ils n'ont pas le style de Mallarmé précisément, mais la parenté existe pourtant.

Jean Ristat :

Il semble que le portrait de Baudelaire témoigne d'une longue préoccupation de Matisse pour le visage du poète. Tu rappelles que ce n'est pas la première fois, avec le frontispice des *Fleurs du Mal*[1], que Matisse se mesure à cette énigme : représenter Baudelaire.

1. Il y a deux ensembles de dessins de Matisse sur *Les Fleurs du Mal* de Baudelaire : *Les Fleurs du Mal*, La Bibliothèque française, 1947 – dont Aragon a été l'éditeur et le « metteur en page », et *Vingt-trois lithographies de Henri Matisse pour illustrer « Les Fleurs du Mal »* présentées par *Aragon*, 1946.

Louis Aragon :

Oui, en effet. C'est dans un des livres de Skira dont je parlais qu'on voit un premier portrait de Baudelaire par Matisse.

Jean Ristat :

Il s'agit de l'eau forte qui figure dans *Poésies de Stéphane Mallarmé*, Skira, 1932. Quel a été le point de départ de Matisse pour ces portraits ?

Louis Aragon :

Il a tout d'abord illustré *Le Tombeau de Baudelaire* de Mallarmé[1]. Ensuite, pendant la guerre – nous étions alors séparés –, Matisse a commencé ce travail sur *Les Fleurs du Mal*. Dans cet ouvrage, il y a plusieurs portraits de Baudelaire mais tous n'y figurent pas. En outre, on connaît d'autres versions des mêmes dessins. Il y a

1. Dans *HM,R*, p. 126, Aragon dit de ce portrait de Baudelaire par Matisse : « *Le seul portrait qui tienne le coup à côté des photos de Nadar.* »

par exemple le fusain qui a paru dans *Pierre à feu* en 1947[1]. Ce dessin fait partie de ce que Matisse appelait les *Thèmes* dans le livre *Thèmes et Variations* paru en 1943 – dont j'ai d'ailleurs fait l'introduction[2]. C'est une image très directe, très « ressemblante » – au sens habituel du mot. Toutefois, une sorte de transcendance de cette étude se trouve dans les *Variations* qui suivent. Puis il y a un fusain de septembre 1944, que Matisse considère encore comme un portrait, et qui fut publié en 1954 dans le livre de Matisse qui s'appelle, justement, *Portraits*.

Jean Ristat :
Qu'entendait-il par ce mot, « portrait » ?

1. *Baudelaire*, fusain, 1944, étude pour *Les Fleurs du Mal*. L'ouvrage *Pierre à feu* a paru chez Maeght en 1947.
2. Voir note 1, p. 17.

Louis Aragon :

Une image d'après nature et immédiate. Il s'agit pour lui d'un dessin où l'observation l'emporte sur l'inspiration, au contraire des *Variations* qui s'écartent peu à peu du modèle. Il ne pouvait pas se passer du modèle[1] – de la nature en d'autres termes – mais c'était un tremplin pour aller ailleurs. C'est ainsi qu'on voit se « spiritualiser » le visage de Baudelaire dans un crayon lithographique de 1944. Ce crayon a été perdu, mais Matisse en avait gardé une photographie à partir de laquelle a été faite la photo-lithographie

1. Dans *HM,R*, Aragon revient très souvent sur cette notion. Sur le « modèle », il écrit, p. 482-483 : « *Je serais aujourd'hui tenté d'expliquer l'affaire au sens originel du mot "modèle", qui n'est point cet immobile acteur d'atelier que copie le peintre, mais le modèle aussi bien grammatical, le type de construction d'une machine ou d'un être, l'exemple dont peu importe l'anecdote, et que l'on prend moins pour les mots dont il s'ahabille que pour leur enchaînement. Enfin, oui, bon, tant pis, le modèle linguistique, quoi !* »

qui figure dans mon édition des *Fleurs du Mal*. Les autres dessins ont également été perdus car les lithographies, au moment d'être transposées sur la pierre, ont été abandonnées par le lithographe et – c'était en plein été – elles ont « coulé[1] ».

Heureusement Matisse, comme à son habitude, avait tout fait photographier. Les dessins des *Fleurs du Mal* ont donc été reproduits d'après ces photos et non d'après les lithographies elles-mêmes. A travers le crayon lithographique qui est dans *Les Fleurs du Mal*, on voit très bien comment, depuis le premier fusain et en passant par le second, chaque trait conduit à ce dessin autrement dépouillé, où il demeure tout de même une

1. En fait, Matisse avait réalisé cette quarantaine de dessins au crayon gras pour leur reproduction sur la pierre à lithographier. Mais, comme il faisait très chaud, le crayon avait séché. Le lithographe les plaça donc toute une nuit entre des buvards humides. Cette humidité déforma le papier – donc les proportions et les expressions, ce qui rendit les dessins inutilisables. Voir *HM,R*, p. 436.

constante : la minceur de la bouche. Matisse a ensuite refait un portrait pour un livre tiré à cinq exemplaires[1] pour lequel il m'a demandé d'écrire un commentaire – et dont il m'a offert un exemplaire. Ce livre comporte les lithographies qu'il a essayé de reconstituer après la disparition des premières. Il n'avait pas voulu les réunir pour illustrer *Les Fleurs du Mal*[2] et quelques-unes ont donc formé un album à part, avec quelques mots de moi en 1946.

Jean Ristat :

L'histoire du dessin de la bouche de Baudelaire est peut-être celle de toute la peinture de Matisse...

1. *Vingt-trois lithographies de Henri Matisse pour illustrer « Les Fleurs du Mal » présentées par Aragon*, 1946.

2. Matisse jugeait que ces « reconstitutions » avaient fait disparaître l'esprit baudelairien : « Matisse est demeuré, mais Baudelaire s'est évanoui : le portrait est bien celui du même homme, de la même femme, mais le *drame* n'y est plus. Il n'est resté que l'acteur. » *HM,R*, p. 438.

Louis Aragon :

Oui, parce que la bouche se transforme ici en un « signe bouche » et ce « signe bouche » propre à Baudelaire finit par être un seul trait, qui rend compte de cette bouche mince. Ainsi, on voit dans un dessin des *Fleurs du Mal* un personnage qui n'est pas Baudelaire, une sorte de « fonctionnaire colonial[1] » comme Matisse le définissait, mais qui est Baudelaire puisqu'il a cette même bouche.

Jean Ristat :

Il y a quand même un abîme profond entre ces deux visages.

Louis Aragon :

Mais il y a la constante de la bouche.

1. Il s'agit du dessin fait par Matisse pour *La Vie antérieure* – les illustrations de Matisse pour ces poèmes représentant le plus souvent des personnages. Celui-ci ressemble effectivement au portrait de Baudelaire même s'il a perdu sa mèche – et gagné les lunettes de Matisse. Or le premier avait,

Jean Ristat :

On se demande tout de même pourquoi Matisse a été si préoccupé par le portrait de Baudelaire.

Louis Aragon :

Probablement parce qu'il aimait ses poèmes... Jamais, avant *Les Fleurs du Mal*, il ne s'était essayé à ce qu'il a fait là-dedans : des ornements typographiques presque totalement abstraits qui sont comme des paraphes extrêmement compliqués – et d'une grande beauté.

Jean Ristat :

Il faudrait également souligner l'importance de l'« Icare[1] » de Baudelaire pour Matisse.

dans sa jeunesse, été pilotin dans l'océan Indien, et le second restait ébloui par Tahiti. Pour Aragon – et sans doute Matisse – ce « fonctionnaire colonial » avait « *longtemps habité sous de vastes portiques/ Que les soleils marins teignaient de mille feux* »...

1. Il y a deux fois deux Icare de Matisse. D'abord, les deux visages qui sont destinés aux *Fleurs du Mal* – et auxquels Aragon fait allusion

Sur Henri Matisse, roman

Louis Aragon :

L'idée d'Icare est assez complexe chez Matisse[1]. « Les plaintes d'un Icare[2] » a été illustré par un visage dont le modèle était une femme. Elle prend tout d'abord le caractère de l'homme qui va vers le soleil,

dans la première partie de sa réponse à Jean Ristat. Et deux gouaches découpées datant de 1943 – des « corps » d'Icare, l'un sur fond bleu, l'autre sur fond noir : ce sont eux qu'Aragon rapproche d'aviateurs abattus à cause de « soleils » ou d'« étoiles » où il voit des explosions d'obus – d'autant que celui qui figure sur fond noir s'intitule bien *La Chute d'Icare* et que celui sur fond bleu a une tache rouge à la place du cœur.

1. Le texte même du poème soutient cette dualité interprétative de Matisse – comme la « lecture » contemporaine que fait Aragon des gouaches découpées. Voir le texte en annexe.

2. « Les plaintes d'un Icare » ne figure que dans la troisième édition des *Fleurs du Mal* – l'édition posthume qui date de 1868. Le texte en était paru d'abord en décembre 1862 dans *Le Boulevard*, puis

puis, dans une deuxième version, un caractère proprement luciférien. La première version est la lithographie qui a disparu ; la seconde, celle qu'il a essayé de refaire. Même s'il ne les aimait pas et pensait y avoir perdu ce qu'il appelait son « champagne » – personnellement, je préfère le second.

Quant aux deux dessins, ils sont parmi les premières œuvres à annoncer les grands collages de Matisse. Les deux *Icare* – *La Chute d'Icare fond noir* et *Icare fond bleu* – ont été faits en 1943, mais n'ont paru qu'en 1945 dans *Verve* et en 1947 dans *Jazz*[1]. Pour moi, ce sont en réalité des figurations d'aviateurs abattus.

en mars 1866 dans *Le Parnasse contemporain*. Il est à noter que le texte de 1862 a pour titre « La plainte d'un Icare ».

1. L'édition originale de *Jazz* a été publiée en 1947 aux Editions Verve. Une seconde édition en a été publiée à New York en 1985 par George Braziller, Inc.

Sur Henri Matisse, roman

Jean Ristat :

Tu parles de tes « propres arrière-pensées » à propos de cet Icare baudelairien. Je te cite : « *J'ai dit tantôt comment l'Icare baudelairien, d'une image à l'autre, traduit pour moi une tentation que j'ai laissé deviner par l'acte manqué de ces* Plaintes *transformées en* Chute[1]. *Mais, tout de même, où cela mène-t-il Matisse ?* »

Louis Aragon :

Il faut préciser que Matisse était d'une extrême réserve dans ses propos. Il donnait l'impression de ne rien savoir de ce qui se passait dans le vaste monde. Pourtant, de temps en temps, il laissait passer quelque chose – et c'est ainsi qu'il m'a parlé de son fils Jean, qui était sculpteur sur la Côte d'Azur. Il m'a dit qu'il était très inquiet à son sujet parce qu'il savait que,

1. Aragon avait effectivement, dans l'album *Vingt-Trois lithographies...,* substitué au titre baudelairien *Les Plaintes d'un Icare : La Chute d'un Icare.*

sous ses statues, il cachait des explosifs. Il le disait également à mon intention car ce jour-là, au moment où je le quittais, il a ajouté : « Quant à vous, faites bien attention, surtout... » Nous n'en parlions jamais, mais il savait bien ce que je faisais, et je crois qu'il y avait là pour beaucoup des raisons pour lesquelles il souhaitait si souvent ma présence chez lui. Il avait sans doute l'impression que, pendant ces moments-là au moins, je ne m'exposais plus au danger.

Jean Ristat :

C'est à propos de cet *Icare* que tu évoques le grand album de Matisse, *Jazz*, dans lequel il aborde la difficile question de la ressemblance : « *Dans un figuier, aucune feuille n'est pareille à une autre ; elles sont toutes différentes de forme. Cependant chacune crie : Figuier*[1]. »

Que veut-il dire – et qu'en penses-tu ?

1. *Jazz*, édition de George Braziller, Inc., New York, 1985, p. 59.

Louis Aragon :

Je ne saurais l'expliquer autrement qu'avec les mots mêmes de Matisse. Il disait que si l'on représente un arbre avec quelques feuilles, c'est suffisant pour nous faire penser aux milliers d'autres feuilles de cet arbre. C'est que précisément les feuilles représentées sont alors des signes, et le signe a valeur de multiplicité. Il n'est pas seulement « une » feuille mais l'ensemble des feuilles. Il parle du figuier, mais il dit aussi cela en pensant à son œuvre. Il veut également dire par là que ses œuvres sont sans doute très différentes les unes des autres mais que toutes crient : Matisse.

Jean Ristat :

Durant l'année 1943, Matisse t'a envoyé trois lettres et l'une d'elles parle de Charles d'Orléans, dont il dit l'extrême bonheur qu'il aurait à l'illustrer, la jubilation que lui donne la lecture de ses poèmes. Toi-même, tu rapproches de

Charles d'Orléans un tableau de Matisse, *La Nature morte aux citrons fond fleurdelysé*.

Louis Aragon :

Le *Charles d'Orléans*[1] était un projet très ancien dont il m'avait parlé. Il date de l'époque où nous nous trouvions séparés, à cause de l'illégalité dans laquelle je vivais à la fin de 1942. Ces lettres me sont parvenues avec retard et celle dont tu parles, notamment, je ne l'ai eue qu'une fois arrivé à Lyon, début 1943. Cette année-là, des éléments très nouveaux et très variés se sont accumulés dans l'œuvre de Matisse. Il y a par exemple certains collages ou papiers découpés qu'on retrouvera dans *Jazz*, et qui sont inspirés par la nuit profonde dans laquelle le pays était plongé. Mais on remarque également, au contraire, des tableaux du genre de celui auquel tu fais allusion : c'est à mes yeux

1. Les *Poèmes de Charles d'Orléans* seront publiés aux Editions Verve en 1950.

---

une sorte de protestation solaire au nom de notre pays. Le rapprocher directement de Charles d'Orléans peut paraître abusif mais cette *Nature morte aux citrons fond fleurdelysé*[1] se caractérise par un pot chinois vert et bleu. Vert où est la lumière, et bleu où est l'ombre. Il y a un bouquet de fleurs, des citrons posés sur un dessus de cheminée en marbre et au-dessus de tout cela règne le fond, comme un papier peint qui n'a pas existé – une décoration entièrement faite de fleurs de lys : les fleurs de lys de Charles d'Orléans. C'est certainement là qu'est le lien, ces fleurs de lys sont sans doute apparues à cause de la lecture de Charles d'Orléans.

Jean Ristat :

Parle-nous donc de ces fleurs de lys – et notamment de leur orthographe, puisque tu consacres une note à la lettre *y*.

---

1. Ce tableau date de 1943 et il est actuellement au musée d'Art moderne de New York.

Louis Aragon :

Le mieux est de lire cette note :

« Voilà brusquement que l'orthographe s'en mêle. J'écrivais comme il se doit fleur de lis, puis l'y s'est mis de la partie. On a tendance de nos jours à helléniser ainsi cette fleur, tant pour le blason que pour la botanique. Est-ce inculture, erreur, langage de parvenu ? On trouve cette lettre grecque dans les textes anciens sans que rien prouve qu'il en soit responsabilité du copiste. J'aime mieux, pour ma part, le lis, sous cet habit simple, comme un visage bien lavé, dans sa pureté d'origine. Pourtant le lys a surtout fleuri dans la poésie des temps symbolistes, il a pris et gardé cet aspect descriptif que lui donne ce signe typographique à sa semblance. Je lui laisse donc l'orthographe, ici, très préraphaélite ou modern style, qu'assurément les réformateurs futurs (dont je n'attends pas sans trembler la hache dans l'écriture française) auront beau jeu à effeuiller de ces pétales tom-

bants. Il me semble que le double emploi de lis *et* lys, *pourtant, à qui saurait le manier, permet de dire des choses différentes. Qu'y puis-je ? Je tiens les signes à l'encre de Chine de Matisse sur le mur rose pour les* y *d'un papier peint. Peut-être contre le goût et la raison. Mais qu'ont à faire le goût et la raison quand on rêve*[1] *? »*

Jean Ristat :

Cette note vient illustrer une autre remarque : Matisse avait écrit *Nature morte aux citrons fond fleurdelysé* avec un *y*. C'est bien cela ?

Louis Aragon :
Parfaitement.

Jean Ristat :

Comment Matisse a-t-il travaillé à ce *Charles d'Orléans* ? Tu écris qu'il y apportait « *la même folie qu'il met à tout tra-*

1. *HM,R*, p. 302.

vail » et que seule la déficience de la technique moderne nous a empêchés de connaître cette expérience d'Henri Matisse. C'est-à-dire ?

Louis Aragon :

Ceci était vrai au moment où je l'écrivais, mais a cessé de l'être très rapidement. En fait, il serait plus juste de dire que la technique de l'époque était parfaitement suffisante, mais que nous n'y avions pas accès pendant la guerre. A cause de cela, Matisse avait même renoncé dans un premier temps à cette entreprise et puis il s'y est remis.

Jean Ristat :

Ce qui est intéressant à propos de cette phrase, « *il y apportait la même folie qu'il met à tout travail* », c'est qu'un peu plus loin, tu ajoutes : « *J'avais d'abord écrit* : Il y apportait la même folie qu'il met à tout travail, et puis il y renonça, c'était un échec... *Henri Matisse, sur la dactylogra-*

phie de mon texte, la lisant, barra au crayon les mots il y renonça[1]*... »*

Louis Aragon :

Oui, j'ai enlevé ces mots de mon livre, je ne les rapporte qu'à titre historique. Lorsque j'ai écrit cela, tout se passait comme si Matisse avait renoncé mais les années suivantes ce qui pouvait paraître avoir été un échec n'en était plus un. C'était même une réussite.

Jean Ristat :

Reste que *Charles d'Orléans* et la *Nature morte aux citrons* sont très importants pour toi puisque tu écris que ce *Charles d'Orléans* est « *un achèvement à la fois, et un dépassement de toute la tradition française* ». Tu ajoutes à propos de Charles d'Orléans : « *N'était-il pas la poésie prisonnière, avant toute chose, l'exil français, un ensemble de sentiments associés qu'alors, à Nice, nous étions plu-*

1. *HM,R*, p. 300.

sieurs à ressentir diversement, mais non sans analogie[1] ? »

Louis Aragon :

Il est certain que l'image du prisonnier[2] Charles d'Orléans était à l'origine des

1. *HM,R*, p. 302. Influence, « analogie » ou conjonction de « sentiment », c'est à cette même période qu'Aragon utilise dans un certain nombre des poèmes qui constitueront, en 1942, le recueil *Les Yeux d'Elsa*, une métrique et un vocabulaire inspirés du Moyen Age. Dans sa préface à ce recueil, il pose explicitement la poésie comme une « arme » et, plus implicitement, l'enracinement dans une tradition française comme un mode de la « résistance intellectuelle » : « *Mon chant ne peut se refuser d'être, parce qu'il est aussi une arme pour l'homme désarmé (...) Tous ceux qui d'un même blasphème nient et l'amour et ce que j'aime, fussent-ils puissants à écraser la dernière étincelle de ce feu de France, j'élève devant eux ce petit livre de papier, cette misère de mots, ce grimoire perdu; et qu'importe ce qu'il en adviendra si, à l'heure de la plus grande haine, j'ai un instant montré à ce pays déchiré le visage resplendissant de l'amour.* »
2. Charles d'Orléans fut fait prisonnier en 1415

arrière-pensées de Matisse. Comme toujours avec lui, cet arrière-texte n'apparaît pas, il est plutôt dans le sentiment.

De plus – chose peut-être abusive de ma part – je tiens *La Nature morte aux citrons fond fleurdelysé* pour le plus beau de tous les tableaux de Matisse. Je me souviens d'avoir ressenti comme un grand coup de soleil en le voyant, avec l'audace de ce rouge rose utilisé à la fois pour le pied du soutien à la nature morte et pour le fond du mur. Matisse a beaucoup insisté sur le fait qu'en rupture avec la peinture traditionnelle, la même couleur est employée pour le mur haut – qui est en avant – et le mur du fond, en arrière. Cela aurait dû enlever par conséquent toute perpective, or il n'en est rien. Il y a donc là un tour de force qui m'a fait comparer ce tableau à d'autres grandes œuvres de l'his-

à la bataille d'Azincourt et resta captif vingt-cinq ans en Angleterre. Voir en annexe, à titre d'exemple, pour la thématique de la prison et l'inspiration médiévale, *Plainte pour le grand descort de France*, tiré des *Yeux d'Elsa*.

toire de la peinture — *Le Procès de Vendôme* de Jean Fouquet et la *Nature morte blanc sur blanc* de Chardin. Dans ce domaine si typiquement français qu'est la peinture, ce sont pour moi trois étapes de caractère différent, où la volonté du peintre a su imposer une couleur qui fait de ces tableaux des ouvrages hors pair.

Jean Ristat :

Nous avons parlé, un peu rapidement, de la ressemblance... Or j'ai sous les yeux, dans ton livre, une série de portraits que Matisse a faits de toi...

Louis Aragon :

Il y en a trente-sept, je crois. En réalité, ils ne sont pas tous là car j'ai été pris, sinon de modestie, au moins de pudeur en faisant la mise en page de ces deux volumes. Plusieurs portraits – en particulier les fusains ainsi qu'un dessin au trait – se trouvent à d'autres endroits du livre, de façon à ne pas l'accabler de mon visage, ni même des variations sur mon visage. Je n'ai pu éviter d'en mettre un en pleine page parce que cela aurait été contraire à la pensée de Matisse qui l'aimait particulièrement – c'est pourquoi d'ailleurs il me l'a donné. Cette accumulation n'est pas du tout du narcissisme de ma part. On pourrait presque dire « au contraire »... La raison que j'avais de faire figurer ces portraits est qu'ils illustrent les variations et les déformations dont mon visage lui a donné l'idée – et l'occasion. Ces déformations gêneraient peut-être quelqu'un d'autre mais certainement pas moi. Je ne saurais être plus prétentieux qu'un autre dans ce domaine et, notamment, pas plus que le peintre lui-même : les autoportraits de Matisse, en effet, ont presque été jusqu'à l'anéantissement de son visage.

Jean Ristat :

Il y a ton visage, mais il y a aussi la figuration de la cravate...

Louis Aragon :

Tu sais, il se trouve que tout cela a été fait en même temps, alors j'avais une seule et même cravate.

Jean Ristat :

Tout de même, on pense à ce qu'André Breton a dit de toi et de tes cravates... C'est presque légendaire.

Louis Aragon :

Oui, mais la légende répandue par Breton est fausse. C'est une illusion. Il a cru que j'avais dans mon armoire – quelle armoire d'ailleurs ? – mille cravates, ce qui est vraiment beaucoup. Il aurait dit une centaine que cela aurait déjà été trop ! Il m'a connu à une époque où je vivais de chambre en chambre avec deux valises. Si j'avais eu mille cravates, comment aurais-je transporté mes livres ?

Jean Ristat :

Voilà donc une erreur historique dûment

rectifiée ! Revenons à l'essentiel : comment Matisse en est-il venu à faire cette série de portraits. Quand était-ce ?

Louis Aragon :

Cela remonte à mars 1942, pendant l'écriture de *Matisse-en-France*. Au cours d'une des trois séances, il m'a demandé de me recueillir et de penser « politiquement », ce qui m'a beaucoup étonné. C'était très inattendu et je ne sais si j'y suis parvenu. Il y avait évidemment là de sa part une certaine idée sur le rôle, probablement exagéré, qu'il me prêtait dans la Résistance. Je ne sais si cela se voit dans son travail. Quand ils ont été terminés, il a accroché les dessins au pied de son lit de façon à les revoir et à rêver à eux une fois couché. Il a appelé Elsa de chez lui à Cimiez et, avec beaucoup d'inquiétude, il lui a montré ces portraits. Elsa les a regardés, elle n'a rien dit de particulier, elle a trouvé que c'était de beaux dessins et quand nous sommes sortis, je lui ai demandé : « Qu'est-ce qu'en réalité tu en dis, de ces dessins ? » Elle m'a dit : « Je suis très heureuse, il ne pense rien de méchant de toi. »

Jean Ristat :

A propos d'Elsa, pourrais-tu évoquer les portraits qui ont été faits par Matisse – ainsi que ce fameux livre des jacinthes.

Louis Aragon :

Lorsque nous avons été séparés fin 1942, nous avions déjà ébauché un projet. Matisse proposait de réunir tous les poèmes où je parlais d'Elsa dans un livre qu'il aurait illustré – ils n'étaient pas si nombreux, à cette époque, qu'ils l'ont été par la suite, mais tout de même il y en avait pas mal. Je lui avais dit que, pour l'illustration, il me semblait qu'il devrait y avoir des jacinthes parce que les jacinthes étaient les fleurs préférées d'Elsa et nous étions tombés d'accord. Le projet n'a été repris qu'une fois la France libérée, lorsque nous nous sommes revus. Il a alors commencé à faire des portraits d'Elsa avec l'intention d'en garder certains pour le livre, afin de le diversifier, car il pensait déjà que des jacinthes seules seraient monotones.

Quand il parlait de ce livre, il disait, pour simplifier, « votre Elsa ». Ce n'est pas d'Elsa en tant que personne qu'il s'agit. Il voulait dire « ce livre qu'on aurait appelé *Elsa* » comme j'en ai appelé ainsi un, beaucoup plus tard, après la mort de Matisse[1]. Les dessins ont été faits en 1946 je crois, au cours de séances où Elsa avait un petit chapeau avec une aigrette. Puis il a voulu la représenter sans chapeau et lui a fait défaire ses cheveux. Tout ceci était toujours dans une intention de diversification. Elle avait également une toque avec du tulle qui avait donné lieu à une autre série de dessins. Il y a eu, je crois, dix-huit portraits d'Elsa ainsi réalisés. Le problème était que, pendant l'Occupation, il n'y avait pas de jacinthes à Nice. Les jacinthes venaient de Hollande et les oignons étaient

1. *Elsa*, NRF, Gallimard, 1959.

épuisés. L'année 1946 a ensuite été une mauvaise année parce qu'il a fait très froid et les jacinthes ont été gelées en Hollande. C'est ainsi que s'est trouvé reporté d'année en année l'achèvement de ce livre jusqu'au jour où, ayant à la fin ses jacinthes, il s'est aperçu, comme il me l'a écrit, que le projet n'était vraiment pas envisageable. Avec la multiplicité des jacinthes, disait-il, on aurait obtenu un ouvrage d'art floral[1]...

Jean Ristat :

Tu te demandes d'ailleurs ce que sont devenues ces jacinthes, si elles étaient « ressemblantes »... Pour ce qui est des lys, tu nous expliques en effet qu'ils s'étaient transformés en clématites et, par ailleurs, tu ajoutes que Matisse détruisait rarement.

Louis Aragon :

Oui, Matisse détruisait rarement, pour les dessins en tout cas. Pour les tableaux, il

1. En fait, Matisse aurait dit « *un catalogue de chez Vilmorin* »..., *HM,R*, p. 495.

détruisait en fait beaucoup. Il n'avait pas l'impression de détruire mais quand il commençait un tableau, très souvent, il repeignait par-dessus. C'est le cas de *La Blouse roumaine* : il en existe sept ou huit versions différentes, mais que nous ne possédons qu'en photographies car le repeint a été total. Ce n'est pas une simple correction : la femme n'est plus assise de la même façon, par exemple. Et quelquefois, il aboutit à un tableau tout autre. Il y a donc eu véritablement destruction de sa part. C'est d'ailleurs le cas d'un autre tableau dont je parle quelque part dans le livre, et qui date probablement de 1947. J'étais arrivé chez lui et j'avais adoré ce tableau qu'il était en train de faire. Il représentait la fenêtre ouverte de Vence – celle qui se trouve dans toute une série de tableaux, en particulier les tableaux aux deux jeunes filles, ou « fillettes » comme il les appelle – et de part et d'autre, le décor de la chambre. Or, ce tableau a totalement disparu. Je ne sais s'il a repeint dessus mais je n'ai jamais pu le retrouver par la suite. C'était un tableau tout à fait extra-ordinaire et qu'il l'ait fait disparaître m'avait bouleversé. Je lui ai dit que je ne pourrais pas vivre à côté d'un homme qui peut être capable d'une pareille cruauté envers lui-même.

Jean Ristat :

A propos des portraits, nous pourrions revenir une fois encore au problème de la ressemblance. Dans sa préface à son livre *Portraits*, Matisse assimile cette ressemblance au « rythme particulier » qu'aurait chaque visage, et qu'il s'agirait précisément de restituer.

A ce propos, les deux dessins qu'il a faits d'Ilya Ehrenbourg posent des questions importantes.

Louis Aragon : Cette question de la ressemblance est en effet essentielle. Ainsi, les gens qui regardent mes portraits trouvent que certains sont plus « ressemblants » que d'autres. Il est vrai, comme le dit Matisse dans le texte auquel tu as fait allusion, que certains dessins sont presque « photographiques ». Ils sont comme un thème initial à partir duquel Matisse va rechercher une ressemblance d'un autre ordre. Je dirais que ce sont alors des portraits lyriques.

Reste que l'histoire des portraits d'Ehrenbourg est une des plus singulières, parce que ces portraits, franchement, ne lui ressemblent pas. Matisse s'en est expliqué. Le jour où Ehrenbourg a posé pour lui, il sortait d'une représentation du film de Ioutkévitch sur la parade de la jeunesse sur la place Rouge à Moscou, et il avait été fortement impressionné par la jeunesse soviétique, par la beauté des athlètes. Il ne pouvait s'empêcher d'y penser. C'est pourquoi le premier portrait d'Ehrenbourg, disons le « photographique », est déjà assez fortement embelli – même s'il reste effectivement un portrait d'Ehrenbourg. Mais les portraits suivants sont devenus des portraits de jeunes athlètes[1], et non

1. D'autant que l'écrivain a, en 1946, cinquante-cinq ans...

plus d'Ehrenbourg[1]. L'étonnant, dans tout cela, est que, faisant un livre qui s'appelle *Portraits*, Matisse y ait repris ces portraits-là. Cela en dit très long sur la notion de ressemblance telle que la perçoit Matisse qui avait fait d'Ehrenbourg une manière d'Apollon.

Jean Ristat :

Il y a dans cette même préface une note sur laquelle nous pourrions nous attarder. Matisse y explique que la révélation de la vie dans l'étude du portrait lui est venue en pensant à sa mère.

Louis Aragon :

Oui, c'est l'histoire du bureau de poste. Dans un bureau de poste où il était allé – je sais d'ailleurs très bien pourquoi –, en attendant une communication télépho-

---

1. Effectivement, Matisse en est si conscient que le « portrait » – un fusain de 1946 – s'intitule *D'après Ilya Ehrenbourg, et après avoir vu le film « Notre jeunesse »*.

nique, il s'est mis à dessiner. Il dessinait machinalement, quelque chose dont il ne savait pas vraiment ce que c'était, un visage de femme, comme ça... Et brusquement, il s'est aperçu que c'était sa mère. Ici, c'est certainement le souvenir qui a tenu lieu d'épreuve photographique. Cela a toujours été un de mes regrets de penser qu'il a dû dessiner sur une formule de télégraphe ou de mandat, qu'il l'a certainement jetée et que personne ne l'a ramassée.

Jean Ristat :

A propos de la « *révélation du bureau de poste* », tu imagines que Matisse connaissait ce mot de Diderot dans l'*Essai sur la peinture*. Diderot écrivait : « *J'ai connu un jeune homme plein de goût, qui, avant de jeter le moindre trait sur la toile, se mettait à genoux et disait : Mon Dieu, délivrez-moi du modèle...* »

Louis Aragon :

C'est toujours l'histoire du tremplin. Le modèle était naturellement nécessaire à Matisse[1], il ne pouvait pas se passer de la nature mais il la considérait comme un tremplin. La prière du jeune homme ressemble fort aux sauts que fait l'homme pour essayer la planche du tremplin et éprouver ses jarrets avant de se lancer dans le vide – c'est-à-dire dans l'absence du modèle.

Cela nous amène à nous interroger sur l'intérêt particulier que Matisse portait au fait de se faire photographier en train de peindre ou de dessiner. C'est pourquoi, dans mon livre, j'ai publié une série de photographies qui ont été prises en 1946 à Vence puis à Paris. Ce sont des photographies de Matisse en train de dessiner le visage de femmes de couleur. On peut voir par exemple, sur la première photo – avec le premier modèle – qu'il y avait déjà une

1. Voir citation de la note 1, p. 59.

esquisse lancée sur le papier. Il se lance à partir d'un certain point, puis continue au crayon ou au fusain de sorte que l'on peut suivre sa main et la façon dont sont dessinées les choses. Comment il passe du front à l'œil ou bien à la bouche, au menton. On suit en quelque sorte le dessin se dessinant.

Jean Ristat :

On est également frappé par l'expression du modèle dans « *l'acte premier de cette comédie* ». On voit tout d'abord le modèle rire, sourire, puis redevenir triste. Et à un moment, le portrait semble être achevé par Matisse qui le considère. Alors, le modèle rit franchement.

Louis Aragon :

Bien entendu, les modèles, même les modèles professionnels ne peuvent pas rester très longtemps avec la même expression. Ici, je crois que c'est la structure même du visage – que ces mouvements du modèle permettent à Matisse d'étudier – qui amène le peintre à certaines modifications. Plus intéressante est à mon avis la deuxième série où l'on voit le même modèle, mais avec le dessin directement photographié – c'est-à-dire beaucoup plus grand. On suit alors la main en train de dessiner, on la voit même effectuer une correction au vêtement du modèle.

Ensuite, il y a une série d'autres dessins du même genre, qui sont l'acte IV de la « comédie du modèle ». Il s'agit alors d'une autre femme, une Malgache, et c'est à Montparnasse, c'est-à-dire en octobre 46.

Jean Ristat :

Je crois qu'il avait été fait un film à ce moment-là.

Louis Aragon :

En effet, un film très intéressant, dont je regrette beaucoup qu'on ne le voie pas plus souvent et qui précisément suit le crayon, qui suit lui-même les phases de la création de Matisse. Mais là, nous avons un Matisse avec des vêtements différents, donc on voit que ce n'est pas du tout la même séance. Au portrait du modèle se joint le portrait de Matisse, et il est particulièrement intéressant de voir comment il se comporte par rapport à ce qu'il dessine, la façon critique qu'il a de regarder, de refaire ou de poursuivre son dessin.

La question de la ressemblance, on l'a dit à plusieurs reprises, est une question très importante pour Matisse. Il n'appelle pas ressemblance ce que les bons parents appellent ainsi quand ils regardent la photographie de leur enfant. C'est passablement différent. Il est donc particulièrement intéressant de considérer son attitude devant la personne pour qui il a eu, peut-être, la plus grande affection de sa vie. Je veux parler de sa fille, Madame Georges Duthuit, Marguerite. Il l'a peinte tout au long de son existence. Il y a des portraits d'elle enfant, puis, dans les tableaux, on la voit grandir, on la retrouve à des moments très différents de sa vie. Elle apparaît tantôt comme une enfant angoissée, tantôt comme une jeune fille relativement insouciante. On voit aussi la femme qu'elle fut plus tard, dans des circonstances tragiques, puisqu'elle fut arrêtée par les Allemands. Elle-même était dans la Résistance, elle travaillait en liaison avec les francs-tireurs et les partisans, les FTP, et elle a été envoyée dans un camp de concentration. Matisse éprouvait une terrible inquiétude, même s'il ne savait pas au juste ce que ces camps représentaient. Quand elle en est revenue, en 1945, elle est venue le voir. On peut suivre l'étonnement de Matisse dans le dessin du visage de sa fille qui n'avait d'ailleurs pas maigri mais, semble-t-il, s'était même empâtée. Disons que, pendant un certain temps, son visage s'est alourdi puis on voit, en suivant les dessins l'un après l'autre, quand arrive sur son visage l'apaisement. C'est très sensible dans une série de lithographies qui ont été vendues au bénéfice de ses camarades de déportation. Ce sont d'ailleurs de très beaux dessins, et les plus apaisés de toute la vie de Marguerite Duthuit.

Sur Henri Matisse, roman

Jean Ristat :

Nous pourrions parler maintenant, Aragon, des objets dont Matisse disait : « *Ils m'ont servi presque toute ma vie.* » Cette phrase a un certain écho mélancolique...

Louis Aragon :

Ce dont il est question dans le livre – et dont il était question dans nos conversations – peut être considéré de plusieurs manières. C'est ce qu'il appelait « *la palette d'objets* ». Il avait en effet réuni chez lui au mois de novembre 1942 – avec l'intention de me les montrer – des objets qui lui avaient « servi » presque toute sa vie. Le jour où je devais venir les voir, j'avais été le matin faire le marché dans une partie éloignée de la ville où on nous faisait l'honneur de nous donner des abats – très rares dans une période où nous n'avions pas de viande. En revenant, je ne suis pas parvenu à rentrer chez moi parce que le chemin était coupé par l'armée italienne qui entrait dans Nice. Je n'ai pas pu aller à Cimiez, et nous sommes donc partis précipitamment par le dernier train en direction de Digne. Mais Lydia, la secrétaire de Matisse, nous a rejoints avant notre départ et elle nous a apporté divers cadeaux de Matisse, en particulier des photographies qui ont figuré ensuite dans le *Matisse-en-France*. Il s'agissait de très beaux dessins qui constituèrent, dans le refuge où nous étions, la seule lumière du monde extérieur. Je n'ai donc pas vu les objets qu'il avait réunis mais, par la suite, il les a fait tous photographier, histoire de me donner ce que je n'avais pas pu voir. Il les appelait aussi ses « *bons serviteurs* ».

Jean Ristat :

Que voit-on sur cette photographie ?

Louis Aragon :

Il y a le pot à tabac Royal – qui figure dans un grand nombre de tableaux de Matisse –, toute une série de coupes, de verres, de petits vases, de pots en étain, le pot chinois dont j'ai parlé et même une petite statuette de Laurens en terre cuite. Ces objets ont accompagné Matisse presque toute sa vie. Certains sont déjà présents dans les tableaux de 1910 et le restent jusqu'en 1945-1946.

Ce sont, comme il le disait et comme je le répète, ses « *bons serviteurs* ». Il se comportait avec eux comme avec les modèles féminins. Il parle quasiment de la même manière d'une femme rencontrée lors de son voyage aux Antilles et d'une étoffe entraperçue chez un antiquaire. C'était des coups de foudre. Tout cela constituait une sorte d'immense harem d'un genre bien singulier.

Jean Ristat :

Il y a là trente-neuf pièces. Mais cette palette d'objets ne peut rendre compte des rêveries qui précèdent le tableau. On ne peut en effet décrire la façon dont s'accomplit le choix dans ce fameux « harem ».

Louis Aragon :

Parmi ses « serviteurs », certains ont servi de longues années. C'est le cas du petit pot d'étain qui apparaît pour la première fois, je crois, vers 1915[1] et que l'on retrouve jusque dans les tableaux réalisés pendant la dernière guerre. Il existe un tableau sur lequel nous avons des données assez précises. Nous possédons d'une part beaucoup de photographies des états de ce tableau[2] et d'autre part, il en existe un schéma où sont marqués les couleurs correspondant à tel ou tel espace. On voit, dans les états du tableau, se déplacer le petit pot – il semble d'ailleurs se déplacer lui-même comme cherchant à prendre la

1. Aragon, dans *HM,R*, signale comme « première apparition » *Le Pot d'étain*, une huile qui se trouve maintenant à Baltimore et qui daterait de 1916-1917.

2. Il s'agit de *La Nature morte au magnolia*, qui date de décembre 1941-janvier 1942. Elle se trouve au musée d'Art moderne de Paris. Y figure le fameux « petit pot d'étain ».

place principale. J'ai joué, dans mes descriptions, sur l'idée que le petit pot d'étain est comme un véritable acteur qui voudrait obtenir un rôle plus important. Pour être tout à fait juste, on pourrait comparer les diverses situations des objets dans les étapes de la composition aux pièces d'un jeu d'échecs. Et ici, c'est la main du peintre qui les place.

Jean Ristat :

Tu dis que les figures d'échecs ne sont pas vraiment comme des couleurs avec lesquelles on peindrait sa partie; selon toi, ce sont plutôt les mots de la phrase construite du raisonnement qui mènent à la découverte. « *J'y suis. Il faudrait dire de ceci que c'est un vocabulaire d'objets et du tableau qu'il est une partie d'échecs* », ajoutes-tu dans la marge. Cela me paraît essentiel.

Louis Aragon :

Cela complète ce que je viens de dire.

———

Jean Ristat :

Les poètes, évidemment, ont également leur vocabulaire : la nuit, le ciel, les étoiles, la rose, le sang, le cœur, les parfums... Tu donnes alors quelques vers de Madame Desbordes-Valmore en précisant ensuite qu'il aurait sans doute fallu citer Pierre Reverdy, le poète le plus peintre de notre temps.

Louis Aragon :

C'est certain, parce que Reverdy est remarquable dans ce domaine. Lui aussi avait indiscutablement ses « bons serviteurs ». Le lit, la table, la fenêtre... Des centaines de poèmes de Reverdy sont écrits avec des mots simples de cet ordre, évoquant les objets d'une habitation assez pauvre comme l'était la sienne à cette époque. Pendant la guerre, il habitait le rez-de-chaussée d'un immeuble à Montmartre, dont Utrillo occupait le premier étage. Utrillo, comme on sait, forçait plutôt sur la boisson et il se faisait beaucoup de bruit « en haut ». C'est ainsi que, sa femme étant très gravement malade, il est même arrivé à Reverdy de prendre un revolver dans l'intention de tuer Utrillo... Mais dans cet endroit très pauvre, il n'y avait que peu d'objets – et des objets essentiellement fonctionnels. Il ne s'agissait pas d'objets de valeur. La différence est grande avec Matisse qui possédait de beaux objets, des objets qui lui avaient plu comme une femme aurait pu lui plaire. Chez Reverdy, la palette est une palette pauvre, presque abstraite. L'objet est tellement « simple » qu'il en devient presque l'idée. Un verre est un verre, mais c'est aussi tous les verres. Il y donc là une différence fondamentale entre Reverdy et Matisse.

Jean Ristat :

On le mesure à constater, dans ton livre, le nombre de pages qui sont consacrées aux fauteuils chez Matisse... Ces pages sont tout à fait étonnantes, ne serait-ce que par les documents qui y figurent, les dessins, les photographies de fauteuils, ou à cause d'une certaine chaise en baroque vénitien, en argent teinté au vernis, dont il te parle avec lyrisme dans une lettre d'avril 1942.

Que signifie ce que tu as appelé dans *Les Lettres françaises « les béguins de Matisse pour les fauteuils »* ?

Louis Aragon :

Pour ce qui est de la chaise, ou plutôt du fauteuil dont il est question ici, un fauteuil rocaille, un croquis en était joint à la lettre. C'est une histoire très particulière et très révélatrice. Je connaissais ce fauteuil : je l'avais vu en passant dans la rue chez un antiquaire de Nice. C'était un fauteuil rocaille vénitien du XVIIIe siècle, comme j'en avais d'ailleurs vu un du même genre chez Lise Deharme préalablement. Celui-ci était particulièrement beau, parce que la laque en était étonnante. Il avait séduit Matisse au point qu'il m'a je ne sais combien de fois écrit ou téléphoné parce que je n'arrivais pas assez vite pour voir son fauteuil. Il m'en parlait comme d'une femme. Ce sont toujours ces rapports qu'il avait avec les objets de la « palette ». Il se comportait avec eux, je le répète pour la centième fois me semble-t-il, à la façon dont il pouvait se comporter avec un modèle vivant.

Jean Ristat :

Il est probable que cette fascination du fauteuil chez Matisse aurait pu trouver une certaine réponse dans la psychanalyse. Le rapprochement que tu fais dans ce chapitre entre le fauteuil et Madame de Senonnes[1] est à cet égard significatif...

Louis Aragon :

En regardant les fauteuils, comme d'ailleurs beaucoup des objets dont se servait

---

1. Marie Marcoz, qui épousa le vicomte de Senonnes. Ingres la peignit en 1814. Le tableau se trouve au musée des Beaux-Arts de Nantes. Aragon en fait l'emblème, pourrait-on dire, des modèles féminins de Matisse. Voir *HM,R*, le chapitre « De Marie Marcoz et de ses amants », pp 523-578.

Matisse, on constate qu'un certain renflement les caractérise[1]. Or il y avait chez les femmes qui attiraient Matisse, et qu'il avait envie de peindre, une constante physique très particulière. Il avait en effet un attrait pour les femmes atteintes d'hyperthyroïdie, des femmes qui avaient un certain renflement de la base du cou avec, comme chez les hyperthyroïdiennes en général, des séquelles de cette modification de la glande thyroïde dans tout le corps. Cela se traduit par une certaine langueur, une certaine lourdeur des traits parfois, un certain air de volupté aussi, qui est sans aucun doute ce que recherchait Matisse chez les femmes. Comme chez les fauteuils. Je ne sais pas si c'était extrêmement conscient au début de sa vie, mais ce phénomène est remarquable à partir de 1909 à peu près, et ce n'est que beaucoup plus tard – dans les années 1920 – qu'il théorise sur ce sujet.

1. Aragon suggère de « *rechercher tous les fauteuils chez Matisse, qui furent des Madame de Senonnes de longue haleine* »... *HM,R*, p. 568.

Sur Henri Matisse, roman

On peut dire qu'il y a un style commun aux femmes et aux objets chez Matisse. L'élément de conscience de ce penchant chez Matisse est une réflexion qu'il semble avoir faite à partir du tableau d'Ingres, du tableau de *Madame de Senonnes* qui est au musée de Nantes.

Jean Ristat :

Tu cites Matisse en note dans la marge :
« *Cela se complique de l'attrait que j'ai toujours eu pour* Madame de Senonnes *d'Ingres, vous savez la* Madame de Senonnes *qui est au musée de Nantes, elle est aussi, elle a un peu...* », « *et la main de* Matisse, ajoutes-tu, *montre son cou avec les doigts de sa main qui s'ouvrent pour marquer l'élargissement*[1] ».
Sais-tu comment lui est venue la découverte de son attrait pour ces femmes ?

1. *HM,R*, p. 277.

Louis Aragon :

Je crois qu'il a pris conscience de cet attrait au fil des années. Pourtant, la comparaison avec *Madame de Senonnes* s'est faite assez tôt. Il avait paru dans la revue médicale *Æsculape* un article du professeur Laignel-Lavastine[1] qui pourrait presque donner la date de cette prise de conscience chez Matisse. Je crois que cette prise de conscience a été en fait très antérieure à cela. Naturellement tout ceci est hypothétique. Il est très probable que Matisse a voulu comprendre, médicalement parlant, tout ce que signifiait cette maladie – et ceci probablement après la tragédie d'Henriette en 1927. Il parlait d'ailleurs de ces choses en se tournant vers moi, persuadé par exemple que je

---

1. Cet article a paru en 1929 – et, selon Aragon, il plagiait un article, également paru dans *Aesculape* et dû à un médecin de Versailles, Monsieur Verdier. Selon l'article du professeur Laignel-Lavastine, « *le cou des femmes d'Ingres forme le premier chapitre d'une sémiologie du corps thyroïde* ». Voir *HM,R*, pp. 531-533.

connaissais parfaitement le contenu des articles d'*Æsculape* – parce que j'avais été étudiant en médecine et qu'il pensait que tout étudiant en médecine lisait cette revue. En fait, il me parlait très souvent comme à un médecin, à tel point qu'il avait même davantage confiance en moi qu'en ses médecins, ce qui était bien sûr sans aucun fondement. Il me demandait s'il pouvait les croire...

Jean Ristat :

Cette Madame de Senonnes fait aussi partie de ton histoire[1]...

Louis Aragon :

Oui. Il y a très peu de documents sur Madame de Senonnes et il n'y en a pas

1. Jean Ristat fait ici allusion au fait qu'André Breton avait précisément envoyé à Aragon, en avril 1917, une carte reproduisant le tableau d'Ingres avec ces mots : « *Un des tableaux que j'ai le plus aimés.* » Aragon avait voulu aller voir l'original à Nantes en 1921. Comme on le constate, Aragon élude cette partie de la question.

beaucoup non plus sur la question du côté hyperthyroïdien des femmes dans une perspective esthétique – ce n'est pas ce qui intéresse les médecins. J'ai essayé de comprendre cette affaire et c'est l'objet d'un long article où je parle de la biographie même de Madame Marie Marcoz de Senonnes, une jeune Lyonnaise qui passait pour une Romaine aux yeux d'un certain nombre d'auteurs – c'est à Rome qu'elle avait rencontré son mari, Monsieur de Senonnes, dont elle fut l'amie puis l'épouse.

On constate ce phénomène de très bonne heure dans l'œuvre de Matisse. Dans le tableau de *La Dame en vert*[1], il y a déjà cet évasement du cou vers le bas, caractéristique que l'on retrouve ensuite non plus seulement dans les tableaux mais aussi chez les modèles. C'est le cas du modèle appelé Laurette qui figure dans un nombre de tableaux considérable à partir

1. *La Dame en vert*, 1909, musée de l'Ermitage, Saint-Pétersbourg.

de 1916[1]. Si l'on regarde *Les Plumes blanches* ou *La Table noire*[2] – le modèle Antoinette y est habillé en Mauresque –, on s'aperçoit que la coupe du visage de la femme est exactement celle du visage de Madame de Senonnes. Les yeux sont placés de la même façon, l'ovale est le même, c'est-à-dire que le degré de conscience et d'inconscience mêlées chez Matisse est déjà très grand. Il ne peut pas ne pas penser à Madame de Senonnes.

Ensuite vient Henriette, qui a été la femme des *Odalisques*. La période des *Odalisques* paraît à beaucoup de gens une chose curieuse dans l'œuvre de Matisse, une chose incompréhensible et pour ainsi dire « académique ». Je pense que rien ne fut moins académique ni plus sensuel – et

1. Dont *Laurette en blouse blanche* (1916 – coll. part.), *La Gandoura verte* (1916 – coll. part.), *Laurette sur fond noir* (1916 – coll. part.), *Le Peintre et son modèle* (1917 – musée d'Art moderne, Paris), *Laurette au fauteuil rose* (1917 – musée de Berne).
2. Ces tableaux datent de 1919.

c'est extrêmement important – que cette période qui va de 1919, où il a rencontré Henriette, jusqu'à 1927. En tout cas, il dit qu'il a peint avec elle sept ans. Au fil des *Odalisques*, on voit s'accuser d'une façon dramatique chez cette femme le côté hyperthyroïdien. Vers 1927, Henriette a dû quitter Matisse sur ordre du médecin, elle a dû être soignée car la maladie était devenue trop grave. On peut constater l'enflure grandissante de ce visage d'Henriette qui était représenté si beau par Matisse « avant » : dans les sculptures, têtes souriantes et grosses têtes en bronze. Le dernier tableau qu'il a fait d'elle est d'ailleurs assez étonnant. C'est un tableau qui s'appelle *La Femme à la voilette*[1] où elle est appuyée sur sa main si bien que l'enflure de la joue droite paraît être sim-plement un déplacement dû à la main. Ce que l'on remarque surtout, c'est pourtant un air d'extraordinaire tristesse, qui est assez rare chez les femmes de Matisse. Ce

---

1. *La Femme à la voilette*, 1927, coll. part.

tableau d'Henriette est un tableau tragique. C'est la femme qui sait que c'est fini pour elle.

Matisse a beaucoup réfléchi à cette tragédie de l'hyperthyroïdie. Par la suite, quand il a illustré les *Lettres portugaises*[1], la jeune Portugaise cloîtrée qu'il a représentée est une enfant de quatorze ans qui avait déjà un certain degré d'obésité. Cet aspect se sent dans tous les dessins du livre qui sont d'ailleurs accompagnés de grenades éclatées, fruit au caractère extrêmement symbolique. Quatre ans plus tard, après la guerre, la petite fille – qui avait donc alors dix-huit ans – est venue le retrouver pour lui demander de faire son portrait. Le portrait de cette jeune fille de dix-huit ans est alors marqué par l'obésité d'une façon tout à fait violente. Presque autant que chez Henriette à la fin. Il est probable même qu'il avait dû exagérer légèrement cet aspect chez l'enfant de

1. *Les Lettres de la religieuse portugaise*, Editions Verve, 1946.

quatorze ans, comme s'il avait vu ce qui allait lui arriver.

Jean Ristat :

Nous avons longuement parlé des fauteuils et des objets, de ce « vocabulaire » qu'ils constituent. Tu considères les tableaux comme des phrases.

Louis Aragon :

En tout cas, Matisse les considérait certainement comme telles.

Jean Ristat :

Que faut-il entendre par « phrase » ?

Louis Aragon :

Il ne s'agit pas de la phrase en tant que sens mais plutôt en tant qu'art de placer les mots. Dans la poésie ou plutôt dans l'écriture – la distinction entre la prose et les vers est stupide –, ce qui caractérise l'homme écrivant, ce ne sont pas simplement les mots qu'il emploie mais la façon qu'il a de les employer, de les placer les uns par rapport aux autres. Sans doute cela se rapproche-t-il davantage de la musique que de la peinture. Cependant, pour Matisse, il en était bien ainsi.

Jean Ristat :

Cette allusion linguistique va nous permettre de parler du signe chez Matisse. Tu consacres au signe un chapitre de ton livre, et tu abordes cette question par une anecdote. Tu as demandé à Matisse quels étaient pour lui les peintres contemporains importants, Picasso mis à part. Il prononce alors le nom de Bonnard, il se reprend sans se reprendre et dit : « Mirò, oui, Mirò. » Mais quelques lignes plus loin, tu en reviens à Ingres. Il y a un rapport entre leur conception du signe ?

Louis Aragon :

Oui. C'est en effet un point commun très important à Matisse et Ingres – bien qu'ils soient des peintres de caractère extrêmement différent. Matisse ne considère pas le signe comme une invention. Il pense que tous les peintres ont toujours bénéficié d'une sorte d'« économie de travail » en se servant des signes. La question du signe chez Ingres ou chez Delacroix est un sujet auquel il revenait sans cesse. Il comparait son travail au leur et il s'est d'ailleurs fait photographier devant *La Mort de Sardanapale*. Ce n'était pas du tout un hasard. *La Mort de Sardanapale* est en effet un tableau où l'on peut suivre, comme nous suivions le crayon dans les photographies que nous avons commentées, la pensée de Delacroix. Cela n'apparaît d'ailleurs pas tant dans la disposition des objets que dans la façon de passer de l'un à l'autre, dans la façon dont la courbe du tableau passe d'une femme à une autre, d'une femme à un objet, de la victime au tueur, de l'esclave au roi.

Jean Ristat :

Cette définition du « signe main » chez Delacroix, du moins tel qu'il apparaissait à

Matisse, a-t-il une grande importance pour Matisse ?

Louis Aragon :

Je le pense. Une lettre de février 1942 se terminait par une phrase très étrange où Matisse disait se « *préparer* » à la « *grande composition* ». A cette époque, et même un peu plus tard, je n'ai entendu dans ces mots que la stupéfiante modestie d'Henri Matisse. Aujourd'hui, à les relire, je songe moins à la psychologie du peintre qu'à ce qu'il voulait dire. On peut se livrer à un exercice pratique : la lecture, à la lumière de cette théorie du signe, d'une toile connue, *La Mort de Sardanapale* parce que Delacroix, en réalité, pour ce qui est des *signes*, est beaucoup plus proche de Matisse qu'Ingres. On peut suivre la pensée du peintre de main en main, à partir de l'homme de couleur qui tire la bride rouge d'un cheval, sur la gauche, en remontant par les mains suppliantes de la femme qui pleure et les bras étendus de la concubine rousse inclinée, sur le sofa royal, puis passer, par l'arrière-plan, aux reines prêtes au supplice et enfin revenir, en bas et à droite, au sacrificateur qui plonge son glaive dans la femme – là où se termine la ronde mortelle. De main en main. Sous les yeux indifférents du roi.

Voilà donc bien comment Henri Matisse entend le signe-main chez Delacroix, peintre de grande composition : la termi-naison, *ici et là, du mouvement* (de la ligne) *qui parcourt le tableau*, mais aussi son point de rebondissement.

Dans le « vocabulaire » de Matisse, le « signe » est le moyen de la « grande composition », et le vrai récit.

Jean Ristat :

Parler du signe à propos de la peinture, c'est faire de la peinture un « langage » et je crois que cette expression doit être employée avec prudence.

Louis Aragon :

Oui, mais il s'agit pourtant bien de cela car les références, ou les hiéroglyphes par exemple – qui sont l'expression d'un langage et son expression imagée –, étaient constantes chez Matisse. Il arrivait à créer des signes qu'il réemployait comme tels. Il exerçait sa main à figurer d'une certaine façon la bouche, par exemple, sous la forme d'un *3* – c'est-à-dire une bouche vue de profil, le trois étant inversé, regardant à gauche. Il y avait aussi les bouches que j'appellerais en *Z* : il laissait sa main partir très rapidement et revenir d'un trait, ayant ainsi isolé la lèvre supérieure et la lèvre inférieure par la branche inférieure du *Z*. Ces signes se trouvent en grande quantité chez Matisse, et ils ne concernent pas seulement l'œil ou la bouche mais également la main[1]. Il a beaucoup insisté sur le fait qu'à travers les différents pays, le signe « main » est pratiquement toujours le même. Il s'est intéressé aux mains des statues birmanes. Il a étudié la disposition des mains chez d'autres, notamment chez

1. Le « signe-main » assure évidemment tout le mouvement de *La Danse* (1910, musée de l'Ermitage, Saint-Pétersbourg).

Grünewald. Ainsi, quand il a voulu faire un *Saint Dominique*[1], c'est sur des mains de Grünewald qu'il a d'abord étudié. On peut voir dans beaucoup de tableaux et dessins de Matisse se constituer ce signe. Cela a été le travail de toute sa vie. On trouve des signes dans ses tableaux les plus anciens comme dans les plus récents, mais il est indiscutable que c'est à l'époque des papiers découpés que « triomphe » le signe.

Jean Ristat :

Pour Matisse, un artiste « se mesure » aux signes nouveaux qu'il aura su introduire dans le « langage plastique ».

Louis Aragon :

Oui, c'est d'ailleurs à ce sujet qu'intervenait la question du « signe arbre » et du « signe feuille » chez Claude Lorrain et chez Nicolas Poussin. Dans la phrase que

1. Dans la chapelle des dominicaines de Vence. Le *Saint Dominique* date de 1950.

tu viens de rappeler, c'est bien l'expression « *le langage plastique* » qui est importante. Matisse a vu très précisément, et très tôt dans sa vie, l'importance des nouveaux signes. Si nous examinons presque toute la « peinture moderne » d'aujourd'hui, celle qui n'est pas encore reconnue, l'importance des signes y apparaît peut-être plus considérable que jamais. Il y a des peintres, aujourd'hui, qui ne peignent que par signes, tandis que pour Matisse le signe était en quelque sorte le plus court chemin d'un point à un autre. Hors du signe, il y avait autre chose. Ce triomphe du signe scandalise beaucoup les gens. Qu'y faire ? C'est le développement de la peinture.

Jean Ristat :

En manière de conclusion à ces entretiens, et pour redire l'étoilement de ce *Henri Matisse, roman*, peut-être pourrait-on, paradoxalement, « baisser le rideau » avec la fin du texte intitulé

« Lever de rideau », et qui ouvrait ce dialogue :

« Ce livre est comme il est. Je n'y puis rien. Il y a bien longtemps qu'il m'a glissé des mains, et que je le retrouve feuillet par feuillet, dans la confusion des années, que je le ramasse, le rameute à chaque coin de rue, pour le laisser, au premier tournant, tomber, m'échapper, s'éparpiller, et soudain j'en rattrape une page et m'étonne. Qu'est-ce que c'est? Où cela se casait-il? Dans quel chapitre, quel moment, du livre et du monde? Quelle heure de moi, de ma montre folle? Il y a pourtant dans la profondeur des phrases la maladresse du murmure, je ne sais trop quel calme écho lointain d'un homme, on dirait qu'il s'est assis dans le jardin, sur un banc de pierre, et le jour déjà fraîchit, il faut ramener sur mes épaules une chose de laine qui en avait glissé, beige qui sait, ou blanche encore à cette lueur d'hiver juste après le crépuscule... Ce livre est comme il est. Je n'y

puis rien. Peut-être parce que l'homme s'est tu, que je n'en puis entendre la voix, qu'il a cessé d'être présence, pour devenir question. Questions. Ce n'est rien. Ni un récit ni un discours. Pardonnez-moi. Je l'ai appelé "roman" sans doute afin qu'on me le pardonne. Moi-même, j'arrive à ce soir de la vie, à cet instant qui n'est plus le jour et pas encore la nuit, et déjà sur tout, sur soi règne le doute, où j'ai rencontré en décembre 41 le peintre Henri Matisse à Cimiez, au-dessus de Nice, voyez-vous ça? Il m'y faut revenir. Pas tant pour la chronologie, que pour moi-même enfin comprendre et mes hésitations, mes lenteurs, ma paresse. L'incertitude aux portes de l'oubli. Cette crainte aussi, au bout du compte, de n'avoir dit "que ça[1]*". »*

1. *HM,R*, p. 14. Ce *que ça* est sans doute un écho à une remarque dont Aragon dit que Matisse la lui avait très souvent répétée : « *J'ai travaillé des années pour qu'on dise : Matisse, ce n'est que ça...!* » *HM,R*, p. 102.

Les plaintes d'un Icare

Les amants des prostituées
Sont heureux, dispos et repus;
Quant à moi, mes bras sont rompus
Pour avoir étreint des nuées.

C'est grâce aux astres nonpareils
Qui tout au fond du ciel flamboient,
Que mes yeux consumés ne voient
Que des souvenirs de soleils.

En vain j'ai voulu de l'espace
Trouver la fin et le milieu;
Sous je ne sais quel œil de feu
Je sens mon aile qui se casse;

Sur Henri Matisse, roman

Et brûlé par l'amour du beau
Je n'aurai pas l'honneur sublime
De donner mon nom à l'abîme
Qui me servira de tombeau.

Baudelaire
Les Fleurs du Mal
Troisième édition – 1868

Plainte pour le grand descort de France

S'il se pouvait un chœur de violes voilées
S'il se pouvait un cœur que rien n'aurait vieilli
Pour dire le descort et l'amour du pays
S'il se pouvait encore une nuit étoilée
S'il se pouvait encore

Une nuit de beau temps met les ombres d'accord
Comme l'aveugle tend les cordes sans connaître
L'instrument ni le ton du ciel à la fenêtre
Ah si tu veux chantons dans ce triste décor
Ah si tu veux chantons

Entretiens Aragon/Jean Ristat

Les femmes ont perdu l'image de l'amour
Dans leurs yeux défendus par des paupières parme
Mais dimanche ou jeudi c'est tout un pour les larmes
Dans l'amour que je dis descend l'ombre des tours
Dans l'amour que je dis

L'ombre des tours qui tourne au cadran d'incendie
Sur les pavés des cours noires de la prison
Inscrit la ronde terne et lente des saisons
Ici le temps lanterne ici la mort mendie
Ici le temps lanterne

Les mois passent L'émoi passe et le cœur déraille
Mais le printemps pour moi murmurera toujours
Les mots d'un autre Mai parmi les mots d'amour
Je n'oublierai jamais pour ses fleurs la muraille
Je n'oublierai jamais
Les morts du mois de Mai

Aragon
Les Yeux d'Elsa
1942

Outre que le système prosodique mime ici celui de
la ballade – forme chère à Charles d'Orléans –
Aragon y ajoute une référence plus ancienne encore,
venue des troubadours, qui inscrit une rime à la
césure.

www.ingramcontent.com/pod-product-compliance
Lightning Source LLC
LaVergne TN
LVHW051200060726